Lust und Gunst

Lust und Gunst

Band 1

Sex und Erotik bei den muslimischen Gelehrten

Ali Ghandour

Editio Gryphus

Bibliografische Information der Deutschen Nationalbibliothek: Die Deutsche Nationalbibliothek verzeichnet diese Publikation in der Deutschen Nationalbibliografie; detaillierte bibliografische Daten sind im Internet über http://dnb.dnb.de abrufbar.

Umschlaggestaltung: Ali Ghandour
Buchgestaltung: Editio Gryphus
editiogryphus@gmail.com

Herstellung: Books on Demand, Norderstedt

Erste Auflage 2015
ISBN: 978-3-9817551-0-7

Lust und Gunst

Sex und Erotik bei den muslimischen Gelehrten

Inhaltverzeichnis

بسم الله الرحمن الرحيم

الحمد لله والصلاة والسلام على خير خلق الله وعلى آله وصحبه

Vorworte

„*Gelobt sei Der, Der die Frau mit Klitorisvorhaut und Gesäß verschönerte.*“[1] Mit diesen Worten leitete IMAM AS-SUYŪṬĪ (gest. 1505) eines seiner zahlreichen Bücher über den Sex ein. Warum musste er sich dafür nicht rechtfertigen und warum wird so ein Satz heute als eine häretische Aussage empfunden? Diese zwei Fragen könnten den gesamten Diskurs um Sex, Intimität und Erotik in den meisten muslimischen Gesellschaften unserer Zeit resümieren. Vor ungefähr siebzehn Jahren entdeckte ich in der Bibliothek meines Vaters das Buch *Ruǧūʿ aš-Šayḫ ilā Ṣibāh fī-l-Quwwati ʿalā-l-Bāh* (Die Rückkehr des Greises zur Potenz seiner Jugendzeiten) des berühmten osmanischen Gelehrten IMAM IBN KAMĀL PASCHA (gest. 1534). Bei meiner „heimlichen“ Lesung des Buches schockierte mich damals dieses Werk immer aufs Neue, da darin fast alles stand, was unter den meisten Muslimen heute tabuisiert wird, und zwar von der intimen Beschreibung des Körpers des Mannes und der Frau bis zu den frivolsten Geschichten, deren Protagonisten alle möglichen Menschen in der Gesellschaft waren: Gelehrte, Herrscher, Gottesdienerinnen und Prostituierte. Die Lektüre dieses Buches klärte mich in meiner Pubertät allerdings über verschiedene Aspekte des Sexes auf. Es hat etwas Kontroverses an sich, wenn ein Jugendlicher, wie ich damals, seine erste sexuelle Aufklärung von einem muslimischen Gelehrten, der vor ca. 450 Jahren starb, bekommt und das in einer Zeit stattfindet, in welcher das gleiche Thema, nämlich Sex, im Namen des Islams tabuisiert wird. Die Erforschung dieser Thematik dient deswegen in diesem Zusammenhang als ein Spiegel, welcher uns den drastischen Wandel des Religionsverständnisses in den letzten 200 Jahren aufzeigt. Und bei keinem anderen Thema wird der Kontrast zwischen dem Islamverständnis der Zeit vor dem 19. Jh. und der Zeit danach so deutlich.

Mit der Reihe „Lust und Gunst“ soll das Thema Sex und Erotik bei den Muslimen aus verschiedenen Perspektiven und in den unterschiedlichen Bereichen des Lebens untersucht werden. Der Fokus ist auf die Vormoderne gesetzt, welche hier als die Zeit vor dem Kolonialismus verstanden wird. So sollen, so Gott will, neben dem ersten Band „Sex und Erotik bei den muslimischen Gelehrten“, der zunächst einmal die Relevanz der Thematik darlegt, weitere Bände erscheinen, die sowohl Übersetzungen klassischer Texte als auch Studien umfassen werden.

Die Lust steht für das Menschsein und seine Beziehung einerseits zu sich selbst, und andererseits zu den anderen Geschöpfen. Die Gunst steht hingegen für die Beziehung des Menschen zu seinem Schöpfer. Die unterschiedlichen Arten der Gunst Gottes gegenüber der Welt schließt auch die Lust mit ein. Aus diesem Blickwinkel wurde und wird sie in dieser Reihe als Akt der Gnade des Schöpfers gegenüber Seinen Geschöpfen verstanden und als ein Gegenstand der Forschung wird sie als eine Gabe Gottes wahrgenommen. Diese Einstellung wird noch klarer, wenn man feststellt, dass nicht nur Dichter, Ärzte und Erzähler über das Thema geschrieben haben, sondern auch zahlreiche Theologen.

Mir ist bewusst, dass dieses Thema „heiß" ist und bei vielen Lesern eine Empörung oder Konfusion provozieren könnte. Denn das heutige Bild vom Islam sowie die Vorstellung von einem Theologen, die viele haben, entspricht nicht dem, was in diesem Band behandelt wird. Der vorliegende Text soll zum Nachdenken anregen. Viele Vorstellungen, die man von der Frömmigkeit, Schamhaftigkeit, Religiosität und allgemein vom Islam hat, sollen hier hinterfragt werden.

Die Idealisierung der Geschichte ist nichts anderes als eine Illusion. Je mehr man die unterschiedlichen Aspekte des Alltags der Muslime im Laufe der Geschichte erforscht, um so klarer wird das Bild von

Gesellschaften, in welchen, wie bei allen anderen Gesellschaften auch, alle Aspekte des Menschseins vorzufinden sind: Lust, List, Leid, Neid, Scherzhaftigkeit, Idiotie und auch weitere Eigenschaften, die jenseits von Gute und Böse zu betrachten sind.

Die vorliegende Arbeit versucht, Einblicke und Eindrücke aus verschiedenen Epochen zwischen dem 7. bis zum 19. Jh. zu vermitteln, um erstens die Dynamik der muslimisch geprägten Gesellschaften zu veranschaulichen, denn es herrscht die Wunschvorstellung, dass die Muslime früher ein ideales Leben geführt hätten und zweitens um das Bild eines „islamischen"[2] Ideals zu dekonstruieren. Es ist die Suche nach diesem Ideal, die uns hindert, die Vielfalt und den Wandel des Lebens zu realisieren. Es wäre deswegen falsch, sich zu fragen, inwieweit die frühen Vorstellungen der muslimischen Gelehrten und der Muslime allgemein einem vermeintlichen Idealbild des Islams entsprachen. Denn so ein Ideal gab es einfach nicht. Vielmehr gab es eine Reihe von Idealen und Diskursen, die asynchron parallel verliefen und nebeneinander existierten und die alle den Anspruch erhoben, ein Teil des Islams zu sein.

Wer die Menschen – und somit die Gesellschaft – zu fehlerlosen Wesen formen will, möchte Gott korrigieren.

Die Gelehrten der Vormoderne strebten keine Gleichschaltung der Gesellschaft an. Dieser Punkt ist deswegen wichtig zu verstehen, weil er Aspekte ihrer Haltung gegenüber verschiedenen Phänomen der Gesellschaft erklärt, die es auch in ihrer Zeit gab. Ansonsten wird man fassungslos vor ihren Texten über die Knabenliebe oder den gleichgeschlechtlichen Geschlechtsverkehr stehen. Ihre Denkweise war durch Pragmatik gekennzeichnet.

Die Untersuchungen in der vorliegenden Arbeit haben keinen theologisch-normativen Charakter. Es geht hier also nicht um die Bewertung der unterschiedlichen Praktiken, sondern eher um die Darstellung des Umganges muslimischer Gelehrter mit dem Thema allgemein.

Mit Tradition im theologischen Kontext ist die Gesamtheit der Diskurse gemeint, die auf den epistemologischen, ontologischen und normativen Prämissen des Kalām (systematische Theologie), Fiqh (Normenlehre)[3], Taṣawwuf (die Lehre des Inneren)[4] beruhen.

Der erste Band dieser Reihe beinhaltet neben dem Haupttext zwei Auszüge aus unterschiedlichen Werken. Der erste Text stammt von Imam Ibn al-ʿArabī (gest. 1240), welcher uns eine Vorstellung der Erotik in einem sufischen Kontext gibt. Der zweite Auszug stammt von dem Hadithgelehrten und Ethiker Imam al-Ḫarā'iṭī (gest. 939). Seine Relevanz liegt in den vielen von ihm tradierten Berichten und Anekdoten aus den zwei ersten Jahrhunderten nach der Hidschra, die als Beispiel für einige Punkte, die im Text auftauchen, dienen können.

Hamburg, 2015.

„Unser Herr ist Der, Der jeder Sache Gestalt gab, sodann rechtleitete“ Q 20:50. Sayyidunā Ibn ʿAbbās ﷺ sagte: „Damit ist gemeint: Zum Beischlaf rechtleitete.“[5]

Die verlorene Gelassenheit

Was wäre die Reaktion der Muslime heute, wenn ein muslimischer Großgelehrter ein dem Kamasutra ähnliches Buch oder einen erotischen Roman schreiben würde? Der Aufschrei wäre sicherlich groß. Die heutige Ablehnung eines solchen Buches basiert auf dessen Abweichung von geläufigen modernen Denkmustern, von denen man heute meint, sie seien immer Bestandteil der Tradition gewesen. Die erzürnte, derartige Reaktion konnte man vor ein paar Jahren deutlich sehen, als ʿAbd al-Bārī az-Zamzamī, ein marokkanischer Mufti, in einer Radiosendung der Meinung war, dass wollüstige, unverheiratete Frauen sich mit Karotten oder Sexspielzeugen befriedigen können, falls sie Angst hätten, in Unzucht zu geraten. Diese Fatwa war für viele Muslime dermaßen fremd und skandalös, dass sie eine extra Bezeichnung bekam: die Karotten-Fatwa.[6] In den Medien und Sozialnetzwerken war sie Gegenstand von Spott und Empörung. Die Position von az-Zamzamī ist aber nicht neu, vielmehr ist es die Reaktion der Menschen darauf. Sie ist ein typisches Merkmal der Diskrepanz, die bei vielen Muslimen heutzutage herrscht, wenn es um das Thema Sex geht. Die Position von az-Zamzamī ist keine neue, denn schon Imam al-Ḥasan al-Baṣrī (gest. 728)[7] war der Meinung, dass, wenn die Frau einen Gegenstand zwecks sexueller Stimulation in sich einführt, um ihre Lust zu stillen,[8] diese Handlung nicht als Sünde gilt.[9]

Die Akzeptanz oder die Ablehnung solch einer Meinung wurde mit Gelassenheit auf der Ebene des Fiqh diskutiert, ohne die Person von AL-ḤASAN AL-BAṢRĪ zu diffamieren oder seine Meinung als pervers, schamlos oder desgleichen zu bezeichnen.[10] Es war halt eine Meinung unter vielen.

Dass heute Sex und Erotik unter den Gläubigen tabuisiert und skandalisiert sind, falls man darüber öffentlich spricht, ist auf keinen Fall eine Tatsache, die ihre Wurzel in der Tradition hat. Vielmehr ist dies eine moderne Erscheinung, die zum größten Teil eher das Ergebnis der Übernahme bestimmter Wertvorstellungen und Denkmuster der Moderne ist, welche, genauer betrachtet, dem Geiste des Islams fremd sind. Die Gründe dieser Denktransformation und wie diese neue „Prüderie" unter den Muslimen entstand und sich ausbreitete, wurden ausführlich in anderen Arbeiten durchleuchtet.[11] In dem vorliegenden Text soll eher auf die Frage eingegangen werden, wie die Muslime in der Vormoderne über das Thema Sex und Erotik gedacht und geschrieben haben und insbesondere, was die muslimischen Gelehrten darüber geschrieben haben. Der Fokus soll später, im dritten Punkt, auf die Schriften des Universalgelehrten IMAM AS-SUYŪṬĪ als einem konkreten Beispiel gesetzt werden, nicht weil er eine Ausnahme wäre, sondern im Gegenteil, weil allgemein das Volumen der erotischen Schriften und Bücher, die das Thema Sex behandeln, dermaßen groß ist, dass es den Rahmen dieser Einführung bei Weitem übersteigen würde.[12]

Vorab soll darauf hingewiesen werden, dass der Begriff „Sexualität" als Kategorie mit Absicht vermieden wurde, weil Sexualität als Konstrukt und Kategorie ein modernes Konzept ist. In dem geographischen Raum, über welchen hier die Rede ist, und der Epoche, nämlich der Vormoderne, die als die Zeit vor dem 19. Jh. verstanden wird, kannten die Menschen in den muslimischen Gesellschaften Sex, aber keine Sexualität.[13] Genau diese Isolation des Sexes hinein in die Kategorie „Sexualität", die zu einem Gegenstand des Erforschens wird und zahlreiche Definitionen und Kategorisierungen hervorbringt, die man in einem nächsten Schritt genau unter die Lupe nimmt und in „eindeutige" Begriffe einordnet, ist gegen die klassische Vorstellung des Sexes und des Erotischen im Islam. Denn das Erotische ist so allgegenwärtig im menschlichen Dasein und genauso vielfältig wie die Vielfalt der Menschen selbst, sodass man dies nicht in einer Kategorie zusammenführen kann. Man begegnet ihm im Koran und in verschiedenen Kapiteln des Fiqh. Erotik und Sex tauchen im Hadith auf, im Taṣawwuf, in der Dichtung, in der Medizin, im Humor, im Alltag und natürlicherweise in der Nacht. Die Wahrnehmung der Allgegenwärtigkeit und der Fluidität dieses Themas ließ, wie Foucault feststellte, in den muslimisch geprägten Gesellschaften der Vormoderne eine *ars erotica* entstehen und keine *scientia sexualis*, wie es im Westen der Fall gewesen ist.[14] Das sollte für den Islam selbstverständlich sein, wenn er als *Dīn*, als eine Lebensweise, Lebenseinstellung und

Lebensphilosophie verstanden wird. Wenn der Islam ganzheitlich gedacht wird, dann machen Kategorien wie sakral und profan kaum einen Sinn, da die Welt sowohl sakral in Bezug auf ihren Schöpfer als auch profan in ihrer Weltlichkeit ist. Auch der antike Antagonismus zwischen dem Geistigen und Körperlichen möge seine Begründung in antiken Philosophien oder in manchen Religionen haben, aber nicht im Islam. Denn gut ist das, woran man den Wahren erkennt und das, was uns dem Einen im Rahmen der Scharia[15] näher bringt, sei es geistig oder körperlich. Diesen Punkt zu verstehen ist essenziell, um das Selbstverständnis der Theologie(n) des Islams bezüglich bestimmter Punkte, wie z. B. der Frage nach dem Eigentum, der Ehe oder den körperlichen Vergnügen im Diesseits und im Jenseits zu begreifen. Sex wurde im Islam – im Gegensatz zum Christentum – gerade nicht als etwas Sündhaftes und Niedriges betrachtet, welches es zu vermeiden gilt.[16] Diese Grundeinstellung, die „ja" zum Leben sagt, um es in die Worte von Nietzsche zu fassen,[17] führte in den beiden Religionen zu völlig unterschiedlichen, ja gegensätzlichen Umgangsweisen mit dem Sexuellen. Sex, wie wir noch sehen werden, wurde nicht als etwas rein Körperliches wahrgenommen, sondern auch die geistigen, esoterischen und sozialen Aspekte davon wurden bei den Muslimen in der Vormoderne in Rücksicht genommen. Der Prophet ﷺ sagte „*Von eurer Welt wurden mir drei Dinge lieblich gemacht, nämlich die Frauen, das Parfum und das Gebet*"[18]; in einer anderen Überlieferung verglich er den Geschlechtsakt mit einem Almosen, also mit einer guten Tat, die von Allah geliebt ist[19] und von IMĀM ǦAʿFAR AṢ-ṢĀDIQ[20] ﷺ wird tradiert: *„Je gläubiger man wird, desto mehr steigert dies die Liebe zu den Frauen“*.[21] Er sagte auch: *„Zu den Charaktereigenschaften der Propheten gehört die Liebe zu den Frauen.“*[22] Diese Aussagen verdeutlichen die offene und positive Haltung, welche der Prophet ﷺ zu diesem Thema hatte und welche die Muslime für eine lange Zeit prägte.

Schon seit Anbeginn des Islams war das Erotische und der Sex ein Thema. Allah ﷻ erwähnt selber im Koran – wenn auch nur in einigen Passagen – diese Themen. So werden z. B. die Jungfrauen im Paradies genau beschrieben und ihre erotischen Aspekte betont. IMAM AR-RĀZĪ (gest. 1209)[23] konstatiert, dass die Jungfrauen des Paradieses nie mit dem Gattungsnamen Frau benannt wurden, sondern immer mit ihren attraktiven Eigenschaften.[24] Die viktorianische Prüderie kennt der Koran nicht. Allah, gepriesen sei Er, nennt die Dinge im Koran beim Namen. So sagt Er z. B. über die Jungfrauen des Paradieses: *„und Mädchen, gleichaltrige, mit schwellenden Brüsten.“* Q 78:33. Zum Wort *Qawāʿib* schreibt IMAM AR-RĀZĪ: *„Es sind busige [nawāhid] Frauen, deren Brüste wohlgeformt [takaʿʿabat] und rund geworden sind [tafallakat].“*[25]

In einem anderen Vers steht: *„Darin gibt es die den Blick Senkenden, die weder ein Mensch davor, noch ein Dschinn deflorierte.“* Q 55:56; in dieser Passage wird das Verb *ṭamaṯa,* verwendet, was sowohl für die wortwörtliche Bedeutung, nämlich entjungfern, als auch für die metaphorische Bedeutung im Sinne des Beischlafes oder Berührens benutzt werden kann.[26] Was das bereits eingedeutschte Wort Huri angeht, welches in Q 44:54, Q 52:20 und Q 56:22 vorkommt, so bedeutet es die schöne weiße junge Frau oder die Schwarzäugige.[27] Das Wort *Ḥūr* kommt in Verbindung mit *ʿīn* vor, welches die Frau mit den schönen und großen Augen zum Ausdruck bringt. Während der Erklärung des Begr iffes *ʿīn* lässt Imām Ibn al-Qayyim (gest. 1350)[28] sich die Gelegenheit nicht entgehen, um dem Leser weiszumachen, dass die kleinen Augen zu den Makeln der Schönheit gehören, *„vielmehr ist die kleine Größe (die Enge) in vier Gliedmaßen löblich, nämlich im Mund, in den Ohren, in der Nase und in 'jener' [der Vagina].*"[29]

In Q 56:36-37 beschreibt Allah die Jungfrauen des Paradieses als *ʿurub*, was die verliebte, ergötzliche, kokette und verführerische Frau bedeutet.[30] Die Diskussion über die Paradiesfrauen bringt mindestens zwei Erkenntnisse für den Theologen. Die erste ist eine normative, nämlich dass der Sex etwas Lobenswertes und Erwünschtes ist, womit Allah die Gläubigen sogar belohnt. Aus diesem Grund darf der Sex nicht als etwas Niedriges oder Schlechtes gesehen werden, solange er im erlaubten Rahmen genossen und ausgelebt wird. Die zweite Erkenntnis ist theologischer Natur und zwar, dass das jenseitige Leben keine rein geistige Welt ist, sondern auch eine sinnliche Welt, die Substanz, Raum und Zeit hat.[31]

Nun kommen wir zu den koranischen Stellen, die den Beischlaf direkt thematisiert haben. Einer der berühmten Verse in diesem Zusammenhang ist Q 2:223: „*Eure Frauen sind ein Saatfeld für euch. Geht zu eurem Saatfeld, wo [annā] ihr wollt.*" Die Präposition *annā*, die sowohl wo als auch wie und wann bedeuten kann, war Gegenstand einer interessanten Diskussion, denn die Erlaubnis des Analverkehrs hängt von der Deutung dieser Präposition ab. Heute würden es viele Theologen, geschweige denn normale Muslime, als pervers und schamlos empfinden, überhaupt über das Thema zu sprechen. Würde man heute jemandem erzählen, dass es Gelehrte gab, die der Meinung waren, der Analverkehr sei erlaubt, dann wird so eine Behauptung skandalisiert.[32] Schaut man bei früheren Gelehrten, dann konstatiert man z. B. dass Imām Ibn Qudāma (gest. 1223),[33] der prominente ḥanbalitische Rechtsgelehrte, in seinem rechtsenzyklopädischen Werk *al-Muġnī* (Das Genügende) folgendes schrieb:

> „*(das Erlaubtsein) des Analverkehrs wurde von Ibn ʿUmar, Zayd b. Aslam und Nāfiʿ überliefert. Von Imam Mālik wird tradiert, dass er gesagt habe: 'Ich traf keinen, den ich in meiner Religion als Vorbild nahm, der an dem Erlaubtsein (des Analverkehrs) zweifelte.'*"[34]

Ibn Qudāma selber war der Meinung, dass die Mehrheit der Gelehrten den Analverkehr als verboten sahen. Jedoch hat ihn seine Überzeugung nicht davon abgehalten, die andere Position zu erwähnen und auch ihre Vertreter zu benennen. Das gleiche gilt für andere Gelehrte, wie z. B. Imam al-Qurṭubī (gest. 1273).[35] Obwohl er die Meinung vertrat, dass der Analverkehr verboten ist, wie die Mehrheit der Gelehrten es sieht,[36] so erwähnt er trotzdem weitere Gelehrte, die den Analverkehr als erlaubt sahen, und darunter findet man neben den bereits erwähnten Namen wichtige Imame der 2. und 3. Generation wie Sa'īd b. al-Musayyib, Muḥammad b. Ka'b al-Quraẓī, 'Abd al-Malik b. al-Māǧišūn.[37] Dies wurde von Imām Abū Bakr Ibn al-'Arabī (gest. 1148)[38] in seinem Kommentar *Aḥkām al-Qur'ān* (Die Normen des Korans)bestätigt:

> *„Die Gelehrten haben über das Erlaubtsein des Analverkehrs verschiedene Positionen. So erlaubte dies eine große Gruppe. Ibn Ša'bān sammelte (diese Meinungen) in seinem Buch Ǧimā' an-Niswān wa-Aḥkām al-Qur'ān (Der Beischlaf mit den Frauen und die koranischen Normen) und er schrieb die Ansicht des Erlaubtseins (des Analverkehrs) einer edlen Gruppe der Prophetengefährten und deren Nachfolgern (at-Tabi'īn) zu […].“*[39]

al-Qaḍī Abū Bakr Ibn al-'Arabī selber positioniert sich nicht in diesem Rechtsstreit. Er erwähnt die beiden Positionen nebeneinander ohne Partei zu ergreifen. Aber die Tatsache, dass er mit der Meinung derjenigen beginnt, die es als erlaubt ansahen und mit Worten wie z. B. *„eine große Gruppe“* oder *„einer edlen Gruppe der Prophetengefährten und deren Nachfolgern“* stark macht, könnte uns ahnen lassen, zu welcher Position er tendiert. Aber wichtiger als das ist die Offenheit des Autors. Für ihn war es unproblematisch, in diesem für uns heute sensiblen Thema, die beiden Ansichten zu schildern, ohne darin eine Verletzung des Schamkodexes zu sehen. Für ihn war die Frage nach dem Analverkehr einfach eine rechtliche und exegetische Frage unter anderen. Es gab zudem Gelehrte, die ihre Einstellung zum Erlaubtsein des Analverkehrs nicht nur zwischen den Zeilen vermittelt haben, sondern direkt und mit einer gewissen Offensivität ihre Überzeugung vertraten. Zu diesen zählt Imām Muḥyī ad-Dīn Ibn al-ʿArabī. In seinem Korankommentar *ʿAǧāʾib al-ʿIrfān* (Die Wunder der Erkenntnisse), von welchem uns nur ein Band erreicht hat, schrieb er:

> „*Die Leute sind bezüglich dieser Frage, und zwar des Analverkehrs mit einer legitimen Frau, unterschiedlicher Meinungen. Manche haben es erlaubt und andere haben es verboten. Die Grundlage aller Dinge ist (jedoch) das Erlaubtsein [wa-l-Aṣl Ibāḥat al-Ašyāʾ].*[40] *Wer (aber) behaupten würde, dass das, was Allah erlaubt hat, verboten wäre, so soll er dies beweisen. Allerdings wurde nichts Authentisches bezüglich des Verbotes oder des Erlaubtseins überliefert. Das einzige, was feststeht, ist die allgemeine Grundregel, zu welcher man zurückgeht und zwar das Erlaubtsein (aller Dinge).*“[41]

Die Tatsache, dass nichts Authentisches über diese Frage überliefert wurde, ist auch die Ansicht von prominenten Hadith-Gelehrten wie Imam aš-Šāfiʿī[42], Imām al-Buḫarī, Imām an-Nasāʾī, Imām ad-Ḏuhlī, Imām al-Bazzār oder Abū ʿAlī an-Nīsāpūrī.[43] Ob jetzt der Analverkehr erlaubt oder verboten ist, ist nicht das

Anliegen dieses Textes. Allgemein lässt sich jedoch sagen, dass diese Praktik nach der Hauptansicht der vier sunnitischen Rechtsschulen verboten ist, während die Zwölfer-Schiiten sie für zulässig betrachten.[44] In der mālikītischen Rechtsschule gibt es eine weitere Meinung, die den Analverkehr erlaubt bzw. ihn als unerwünscht (*makrūh*) einstuft, allerdings nicht als verboten und welche Imam Ibn al-Qāṣim, Imam Ašhab und Imām Mālik zugeschrieben wird.[45]

In diesem Zusammenhang geht es aber eher darum zu zeigen, dass (**a**) im Koran sexuelle Praktiken thematisiert werden und (**b**) dass die klassischen Gelehrten sich nicht gescheut haben, offen darüber zu reden und auch die Ansichten derjenigen, die einer anderen Meinung waren, zu erwähnen.

Neben den koranischen Stellen gibt es eine Reihe von Hadithen, die belegen, dass das, was heute als schamhaft empfunden wird, sein Fundament nicht unbedingt in den Quellen des Islams hat. Die Gefährten haben mit dem Propheten ﷺ ohne große Hemmungen über sexuelle Themen geredet. Das sieht man z. B. bei den Überlieferungen über den Anlass der Herabsendung (*Sabab an-Nuzūl*) von Q 2:223.[46]

Eine Überlieferung, die den Kontrast zu der Moderne gut verdeutlicht, ist der Hadith über die Ehefrau von Rifāʿa. In einem Wortlaut des Hadithes, welcher bei Imam al-Buḫarī zu lesen ist, überliefert Aischa, die Ehefrau des Propheten:

> *„Die Frau von Rifāʿa al-Quraẓī kam zum Gesandten Allahs ﷺ, während ich saß und Abu Bakr bei ihm war. So sagte sie: 'O Gesandter Allahs, ich war mit Rifāʿa zusammen und er hat sich dann von mir geschieden. Als meine Wartezeit verging, heiratete ich nach ihm ʿAbdurraḥmān b. az-Zubayr und bei Allah, O Gesandter Allahs, er hat (einen Penis) wie einen Saum' und dabei nahm sie einen Saum von ihrem Kleid. Als Ḫālid b. Saʿīd, der vor der Tür stand, da er nicht eingelassen wurde, ihre Aussage hörte, rief er: 'O Abu Bakr, willst du diese nicht zurechtweisen.' (Jedoch) bei Allah, der Gesandte Allahs hat (daraufhin) nur gelächelt und sagte ihr: 'Willst du etwa zu Rifāʿa zurück? Nein, erst wenn er deine Süße [ʿUsaylataki] kostet und du seine Süße [ʿUsaylatahu].' Dies wurde dann zu einer Sunna (das heißt, zu einer normativen Regel).“*[47]

In einer anderen Version, die auch Imam al-Buḫārī erwähnt, stehen weitere Details zu diesem Vorfall. Dort ist zu lesen, dass ihr Mann auch anwesend war, vermutlich kam er später hinzu. Als Reaktion auf ihren Vorwurf, er sei impotent, sagte er:

> *„Sie lügt bei Allah, O Gesandter Allahs. Wahrlich ich reibe sie, wie es sich gehört eine Haut zu reiben [innī la-anfuḍuhā Nafḍa-l-Adīm].*[48] *Sie ist aber trickreich und sie will zu Rifāʿa zurück.“*[49]

Diese Frau, deren Name Tamīma bint Wahb[50] ist, zeigt uns zu unserem Erstaunen, wie selbstbewusst manche Frauen damals waren. Dass eine Dame ihre sexuellen Rechte vor dem Richter fordert, welcher in diesem Fall der Prophet ﷺ höchst persönlich war, ist heute in vielen Teilen der muslimisch geprägten Gesellschaften keine Selbstverständlichkeit. Eine Frau, die vor Gericht sagt, dass ihr Mann sie sexuell nicht befriedigen würde, gehört heute zu der Kategorie schamlos und obszön. Nun stellt sich die Frage, woher diese Kategorisierungen ihre Berechtigung schöpfen. In der Tradition und vor allem in der Sunna, die eine normative Funktion hat, findet man für die heutige Ablehnung solch eines Verhaltens, welches der Prophet ﷺ weder kritisiert noch korrigiert hat, keinerlei Grundlagen. Das Schweigen des Propheten wird hingegen in Uṣūl al-Fiqh[51] sogar als Bestätigung bewertet.[52] Nicht nur geschwiegen und gelächelt hat der Gesandte Allahs ﷺ, als er die Aussage von Tāmima hörte, vielmehr hat er ihr erklärt, dass sie den ersten Mann erst wieder heiraten darf, wenn sie mit ihrem jetzigen Mann Geschlechtsverkehr hat und sich von ihm dann, selbstverständlich, trennt. Interessanterweise hat der Prophet ﷺ für den Geschlechtsverkehr keine sachliche Bezeichnung verwendet, sondern er sagte ihr: *„erst wenn er deine Süße [ʿUsaylataki] kostet und du seine Süße [ʿUsaylatahu]*". *ʿUsayla*, welches eine Verniedlichungsform von *ʿAsal* (Honig) ist, gilt hier als eine Metapher für die Süße des Geschlechtsverkehrs.[53] Ibn Manẓūr schreibt zu dieser Stelle des Hadith: *„Er (der Gesandte Allahs) verglich den Geschlechtsverkehr mit der Süße von Honig und gab ihm einen Geschmack.*"[54] Das ist die prophetische Scham. Es ist eine Scham, welche bestimmte Themen nicht tabuisiert, sondern sie in einer ästhetischen, nicht abstoßenden Form vermittelt. Des weiteren soll auch betont werden, dass der Prophet ﷺ mit dieser Frau über den Orgasmus in der Anwesenheit eines fremden Mannes, nämlich IMAM ABU BAKR sowie seiner Tochter Aischa, gesprochen hat. Auch auf die Beschreibung des Mannes hin wie er seine Frau beim Beischlaf befriedigt „*Wahrlich ich reibe sie, wie es sich gehört eine Haut zu reiben [innī la-anfuḍuhā Nafḍa-l-Adīm]*", hat sich der Prophet ﷺ nicht geärgert. Und auf die Empörung des Prophetengefährten, der vor der Tür stand, gab es weder vom Propheten ﷺ noch von dem späteren Kalifen ABŪ BAKR ﵁ eine Reaktion. Heute könnte man diesen Gefährten, *Ḫālid b. Saʿīd,* als Symbol für die Muslime der Moderne nehmen, die von den viktorianischen Schamvorstellungen und modernen Kategorien der Sexualität geprägt sind. Die Beschreibung Foucaults der vor-viktorianischen Zeit passt sehr genau zu dem hier behandelten Hadith: „*Die Praktiken wurden kaum verheimlicht, die Worte wurden ohne übertriebene Zurückhaltung gesagt und die Dinge ohne übermäßige Verhüllung; man lebte in vertrautem und tolerantem Umgang mit dem Unziemlichen.*"[55] Diese für uns ziemlich fremde Offenheit und Direktheit prägte nicht nur die Lebzeiten des Gesandten Gottes ﷺ, sondern das Leben der Muslime bis zum späten 19. Jh.[56]

IMAM AL-ǦĀḤIẒ schrieb eine fiktive Debatte [*Munāẓara*] zwischen einem Mann, der junge Frauen, und einem Anderen, der Knaben sexuell bevorzugt. Gegenstand der Debatte war, ob die junge Frau oder der Knabe mehr sexuellen Genuss bereitet. Der Text ist wohlgemerkt aus dem 9. Jh. und des Provokationsgrades des Themas war sich AL-ǦĀḤIẒ schon bewusst, deswegen betonte er am Anfang seines Schreibens, dass es erlaubt sei, solche Themen zwecks der Unterhaltung zu behandeln und dass es nicht verwerflich ist, die Genitalien und das sexuelle Vokabular beim Namen zu nennen. Um dann seine Position zu untermauern, führte er verschiedene Geschichten von den Prophetengefährten und den Gelehrten der ersten Generationen an. Ihre Aussagen scheinen heute vergessen zu sein, deshalb soll diese Passage ausführlich zu Wort kommen:

> *„Manche von denen, die frömmeln und Askese zeigen, ekeln sich und zeigen Abscheu, wenn vor ihnen die Scheide, der Penis oder der Geschlechtsakt erwähnt werden. Die meisten, die sich so verhalten, sind Männer, die nur so viel Erkenntnis, Großzügigkeit, Edelmut und Benehmen haben wie sie es vortäuschen können. Wüsste so einer (von denen), dass ʿAbdullah Ibn ʿAbbās*[57] *in der heiligen Moschee (Mekka) und in dem Weihzustand [muḥrim] folgendes dichtete:*
>
> *'Und sie führen uns schleichend*
> *Hätten die Vögel recht,*[58] *dann beschlafe [nanik] ich Lamīsa*[59]*.'*
>
> *Daraufhin wurde ihm gesagt: 'Das gehört aber zum rafaṯ*[60]*!' Er antwortete: 'Rafaṯ ist es, wenn es vor Frauen gesagt wird.' Und wüssten sie die Aussage Alis […]: 'Wessen Vaters Penis lang ist, wird gestärkt.'*[61]

> *Und geht es um (das richtige Verständnis von) Schamhaftigkeit, dann ist Ali (für uns) darin ein Vorbild. […] und (wüssten sie) die Überlieferung des Neffen des Abū az-Zinād.*[62] *Er fragte ihn nämlich: 'Darf ich während des Beischlafes stöhnen?' Abū az-Zinād erwiderte ihm: 'Söhnchen, wenn du allein (mit deiner Frau) bist, dann tue was du willst.' Der Neffe fragte jedoch weiter: 'Onkel, stöhnst du auch?' Er antwortete darauf: 'Söhnchen, wenn du deinen Onkel beim Geschlechtsakt gesehen hättest, dann würdest du denken, dass ich nicht an den erhabenen Gott glauben würde.'*"[63]

Die Menge solcher Aussagen lässt sich leicht weiterführen. Sie zeigen uns, dass ein drastischer Wandel im Verständnis von Scham und Züchtigkeit stattgefunden hat. Scham war für die Muslime der Vormoderne kein Synonym für Tabuisierung, sondern bedeutete, die passenden Worte zu finden bzw. das passende Verhalten vor der passenden Person in der passenden Situation zu tätigen (*li-kulli Maqām Maqāl*).[64] Wenn es um das Normative geht, dann haben die Gelehrten es als völlig normal empfunden, sexuelle Praktiken oder Körperteile beim Namen zu nennen. So schrieb Imām al-Qurṭubī zum Thema Cunnilingus in einer sehr offenen Art: „*Asbaġ von unseren Gelehrten [den Mālikīten] sagte: ‚Er darf sie (die Vagina) mit der Zunge lecken [yalḥasahu]*‘“.[65] Die Benutzung des Verbs lecken ohne Verhüllung im Bezug auf den weiblichen Geschlechtsteil und in einem Werk, welches den Koran kommentiert, könnten heute manche als etwas Skandalöses empfinden. Die Schockwelle wird noch gekrönt, wenn der

Leser erfährt, dass Asbaġ, von welchem diese Aussage stammt, ein Schüler von Imam Mālik gewesen ist und einer der wichtigsten Gelehrten der mālikītischen Schule war.[66]

Der moderne Leser wird noch mehr staunen, wenn er erfährt, dass diese ungehemmte Haltung üblich war. Man liest z. B., dass Muǧāhid und Makḥūl, zwei große Namen unter den Gelehrten der 2. Generation, die Stelle „*wozu wir keine Kraft besitzen*" in dem Vers „*Unser Herr, bürde uns nichts auf, wozu wir keine Kraft besitzen*", Q 2:285, auf Lüsternheit und Erektion bezogen haben.[67] Wie viele Gelehrte heute würden den Mut besitzen, einen koranischen Vers mit so einer Offenheit zu erklären?

Man darf aber nicht denken, dass die Offenheit diesem Thema gegenüber nur im rechtlichen oder exegetischen Bereich anzutreffen war. Denn in der Tat hat die westliche Forschung für eine lange Zeit und vielleicht bis heute das Thema Sex und Islam voyeuristisch fast nur aus der rechtlich-normativen Perspektive, sprich was verboten und was erlaubt ist, untersucht.[68] Deswegen soll im nächsten Punkt ein genauerer Blick auf die Schriften, die den Sex und die Erotik thematisiert haben, geworfen und manche exemplarisch untersucht werden.

Sex und Erotik als Thema

In der Enzyklopädie der Wissenschaften von Imām Ṭāškoprüzāde (gest. 1561), *Miftāḥ as-Sa'āda* (Der Schlüssel der Glückseligkeit), findet man drei Einträge, die direkt das Thema Sex und Erotik aufgreifen, nämlich *'Ilm Adāb an-Nikāḥ* (Die Lehre der ehelichen Ethik), *'Ilm al-Bāh* (Die Lehre des Sexes) und *'Ilm al-Ġunǧ* (Die Lehre der Erotik). Im ersten Eintrag, welchen der Autor im Kapitel über die Gewohnheiten (*'Ādāt*) behandelt, geht es sowohl um die rechtlichen und ethischen Aspekte der Ehe als auch um das eheliche Zusammenleben, wozu auch das sexuelle Leben gehört.[69] Der zweite Eintrag, nämlich *'Ilm al-Bāh*, zählt Ṭāškoprüzāde zum Bereich der Medizin; zur Definition dieser Lehre schreibt er:

> *„Es ist die Lehre, die als Thema die Präparate und Nahrungen hat, die die Stärkung der sexuellen Kraft fördern, die die Lust steigern, die den Penis vergrössern oder die Vagina verengen. [...] (Es ist auch eine Lehre), die sich mit den Sexstellungen und den Gepflogenheiten des sexuellen Aktes beschäftigt. [...] Sie (die Autoren in diesem Bereich) erwähnen auch erotische Geschichten, die die Lust erregen.“*[70]

Was *'Ilm al-Ġunǧ* angeht, so ordnet der Autor es interessanterweise dem Bereich der musikalischen Künste zu und schreibt zu seiner Definition:

„Es ist die Lehre bezüglich der Art der (verführerischen) Handlungen, die von den jungen Frauen und schönen Damen ausgehen. […] Wenn die Schönheit wesentlich ist und die Verspieltheit natürlich ist, dann gilt dies als Perfektion, ist aber die Verspieltheit unnatürlich, dann ist dies eine Stufe unter dem ersten Fall, jedoch alles, was von dem Schönen ausgeht, ist schön. […] Diese Verspieltheit, wenn sie während des Aktes und während des Küssens und Ähnlichem stattfindet, fördert die sexuelle Kraft. […] Die Verspieltheit ist in der Scharia erlaubt und sie ist an den Frauen in diesem Fall (während dem sexuellen Akt) gelobt und sie (die Frau) könnte dafür (von Gott) im Fall des erlaubten Beischlafs belohnt werden.“[71]

Die muslimischen Gelehrten bis zum 16. Jh. kannten laut Ṭašköprüzāde mehrere Lehren und Künste, die sich mit dem Sex befassen. Sie haben das Thema aus medizinischer, rechtlicher, ethischer und rein erotischer Perspektive behandelt und dazu kann man die literarische Perspektive hinzufügen.[72] Nimmt man als Beispiel zwei bekannte Bücherkataloge aus unterschiedlichen Epochen, der erste stammt aus dem 10. Jh., nämlich *al-Fihrist* von Ibn an-Nadīm und der andere aus dem 17. Jh., und zwar *Kašf aẓ-Ẓunūn* von Kâtip Çelebi Ḥāǧǧī Ḫalīfa, dann findet man eine Liste von Werken, die ausschließlich die Erotik und den sexuellen Akt behandeln:

1. *Alfiyya wa-Šalfiyya* (Die eintausend Geschichten)[73]
2. *Kitāb al-Bāh* (Das Buch des Sexes)[74]
3. *Kitāb Marṭūs ar-Rūmī fī-Ḥadīṯ al-Bāh* (Das Buch von Marṭūs ar-Rūmī über den Sex)[75]
4. *Burdān wa-Ḥabāḥib*[76]
5. *Kitāb Burdān wa-Ḥabāḥib aṣ-ṣaġīr* (Burdān wa-Ḥubāḥib, die kleine Version)[77]
6. *Kitāb al-Ḥurra wa-l-Ama* (Die Freie und die Magd) sowie *Kitāb as-Sāḥiqāt wa-l-Baġġāʾīn* (Die Lesben und die Unzüchtigen)[78]
7. *Kitāb Laʿūb ar-Răīsa wa-Ḥusayn al-lūṭī* (Das Buch über Laʿūb die Zuführerin und Ḥusayn den Schwulen)[79]
8. *Kitāb al-Ǧawārī al-Ḥabāʾib* (Über die lesbischen Mägde)[80]
9. *Kitāb al-ʿUrs wa-l-ʿArāʾis* (Die Hochzeit und die Bräute)[81]
10. *Kitāb al-Qiyān* (Die Sängerinnen)[82]
11. *Kitāb al-Idāḥ fī-Asrār an-Nikāḥ* (Die Enthüllung der sexuellen Geheimnisse)[83]
12. *Kitāb al-Munākaḥa wa-l-Mufātaḥa fī-Aṣnāf al-Ǧimāʿ* (Über den Sex und seine Arten)[84]
13. *Kitāb ar-Rawḍ al-ʿāṭir fī-Nuzhat al-Ḫāṭir* (Der duftende Garten)[85]

14. *Kitāb al-Faḫḫ al-manṣūb ilā Ṣayd al-Maḥbūb fī-ʿIlm al-Bāh* (Die offene Falle zur Jagd des Geliebten: Zur Lehre des Sexes)[86]
15. *Kitāb Ǧāmiʿ al-Laḏḏāt* (Die Summe der Genüsse)[87]
16. *Risāla fī-l-Bāh wa-Asbābih* (Traktat über den Sex und seine Gründe)[88]
17. *Kitāb Rušd al-Labīb ilā Muʿāšarat al-Ḥabīb* (Die Führung des Vernünftigen im Beischlaf mit dem Geliebten)[89]
18. *Tuḥfat al-ʿArūs*[90] (Der Ratgeber der Bräute)
19. *Dāfiʿ al-Humūm wa-Rāfiʿ al-Ġumūm*[91] (Die Abwendung der Bedrängnisse und die Aufhebung des Kummers)
20. *Ruǧūʿ aš-Šayḫ ilā Ṣibāh fī-l-Quwwati ʿalā-l-Bāh* (Die Rückkehr des Greises zur Potenz seiner Jugendzeiten) [92]
21. *Kitāb al-Minhāǧ fī-Taʿalluqāt al-Ilāǧ* (Die Implikationen der Penetration)[93]
22. *Munyat aš-Šubbān fī-Muʿāšarat an-Niswān* (Der Wunsch des Jungvolks über den Beischlaf mit den Damen)[94]
23. *Nuzhat al-Aṣḥāb fī-Muʿāšarat al-Aḥbāb* (Der Spaziergang der Freunde über den Beischlaf mit den Geliebten)[95]
24. *Asmāʾ an-Nikāḥ* (Die Namen des Geschlechtsverkehrs)[96]

Diese Liste gibt nur die arabischen Bücher wieder, die in zwei Katalogen aufgelistet wurden. Sicherlich wird man in anderen Verzeichnissen weitere Werke, die sich mit dem Thema explizit beschäftigt haben, finden. Des weiteren wurden ähnliche Werke auf Osmanisch und insbesondere auf Persisch verfasst, speziell im indischen Raum, der eine lange Tradition erotischer Literatur hat. Neben dieser beträchtlichen Zahl von Sexbüchern gibt es eine Reihe an Werken, die zwar nicht explizit dem Thema Sex gewidmet waren, jedoch erotische Gedichte, Anekdoten oder medizinische Ratschläge erwähnten. Man könnte sogar sagen, dass das meiste Material über Sex und Erotik in den vielen Gedichtsammlungen, literarischen und medizinischen Werken zerstreut ist.[97] Dazu kommen die vielen Liebesgeschichten, die anscheinend ein sehr beliebtes Genre waren. Denn allein Ibn an-Nadīm erwähnt in seinem Katalog über 130 Schriften, die Liebesgeschichten schilderten.[98] Interessanterweise war es nicht immer die Liebe zwischen einem Mann und einer Frau. Vielmehr gab es auch Liebesgeschichten zwischen Frauen oder sogar zwischen Menschen und Dschinnen.[99] Die sexuellen Erzählungen waren kein Gegenstand der normativen Bewertung, sondern wurden als literarisches Genre wahrgenommen und auch aus dieser Perspektive rezipiert und wertgeschätzt.

Es waren gerade Gelehrte, die man heute zum Lager der Orthodoxie hinzuzählt, die zahlreiche erotische Geschichten und frivole Anekdoten in ihren Werken tradiert haben. Imām ar-Rāġib al-Isfahānī (gest. 1108) zum Beispiel, einer der bekanntesten Koranexegeten, widmete in seinem literarischen Sammelwerk *Muḥāḍarāt al-Udabā' wa-Muḥāwarāt aš-Šu'arā'* (Die Reden der Kultivierten und die Gespräche der Dichter) ein ganzes Kapitel, welches über vierzig Seiten umfasst, Themen wie: Über die Frivolität und die Laszivität; über das, was bezüglich der Geschlechtsteile und des Geschlechtsaktes erzählt wurde; über den Lesbianismus und die Lesben.[100]

Gelehrte wie Imam ar-Rāġib oder Imām as-Suyūṭī hatten keine Scheu davor, Geschichten über Schwule, Lesben und unzüchtige Menschen zu erwähnen oder den Geschlechtsakt genau zu beschreiben, weil für sie die Erzählung darüber in eine andere Kategorie gehörte als der Akt selbst. Der gleichgeschlechtliche Geschlechtsverkehr oder der außereheliche Sex sind laut allen klassischen Rechtsschulen zwar ausdrücklich verboten,[101] aber das Erzählen darüber bzw. sie als Thema der Dichtung, der erzählerischen Texte und der Unterhaltung zu nehmen, war für sie keine verbotene Handlung. Oft war es so, dass der Gelehrte, bevor er über den gleichgeschlechtlichen Sex erzählte, ein paar Zeilen über das Verbot des gleichgeschlechtlichen Sexes schrieb.[102] Jedoch folgen nach diesen knappen Zeilchen zahlreiche Seiten, auf denen hemmungslos über die Anekdoten oder die Gedichte der Schwulen erzählt wird. Für den modernen Leser, der sowohl den Akt als auch das Reden darüber in der im 19. Jh. erschaffenen Kategorie der „Sexualität" erfasst, scheint es hier einen Widerspruch zu geben. Denn wie könnte es sein, dass der Gelehrte selber sagt, dass der gleichgeschlechtliche Sex oder Unzucht verboten seien und im gleichen Atemzug schreibt er kommentarlos lange Seiten über alle möglichen Frivolitäten. Die Geschichten, die man z. B. bei IMAM AR-RĀĠIB, IMAM IBN KAMĀL PASCHA oder IMAM AS-SUYŪṬĪ liest, würde der moderne Leser heute nicht nur zum Bereich der Erotik zählen sondern in manchen Fällen in der Kategorie der Pornografie beheimatet sehen und sie mit dem Islam fremden Bezeichnungen wie z. B. „pervers“ abstempeln.[103] Ich sage deswegen „dem Islam fremden Bezeichnungen“, weil die Kategorie „pervers“, um verstanden zu werden, eine weitere Kategorie benötigt, nämlich das „Normale“. Aber was ist denn menschlich normal oder aufklärerisch gesagt „natürlich“? Im klassischen Islam kennen die Gelehrten fünf Hauptkategorien, womit man die Handlungen der Menschen bewerten kann.[104] Ansonsten traut Allah ﷻ Menschen alles zu. Das heißt, alles, was der Mensch tut, ist menschlich und entspricht seinem Vermögen und seiner Natur, egal wie gut oder schlecht die Tat ist „*...und bei einer Seele und Dem, Der sie geformt, ja, ihr Sündigkeit und Gottesfurcht eingegeben! Selig ist, wer sie reinigt, unselig aber, wer sie verkommen lässt.*“ Q 91:7-10. Das Potenzial zum Guten oder zum Schlechten ist menschlich und deswegen erscheinen alle Verfehlungen aus diesem Blickwinkel menschlich normal. Aus diesem Grund macht die Kategorie „pervers“ koranisch gesehen keinen Sinn.[105] Die Sünde ist nur deswegen schlecht, weil sie von Gott verpönt wurde, nicht wegen ihrer Natur, so zumindest der sunnitischen Position nach.[106] Der gleichgeschlechtliche Sex oder die Unzucht sind deswegen im klassischen Sinne keine Anormalitäten oder Krankheiten, sondern Verfehlungen, die man vermeiden soll. Diese Differenzierung könnte als eine weitere Erklärung der Offenheit, mit welcher die Gelehrten über solche Themen geschrieben haben, dienen. Für sie war es nicht pervers, Geschichten zu erzählen, in der eine Frau Geschlechtsverkehr mit einem Esel hat wie z. B. IMAM AR-RŪMĪ (gest. 1273) in *al-Mathnawī*[107] oder IMAM IBN KAMĀL PASCHA in *Ruǧūʿu aš-Šayḫ ilā Ṣibāh*[108] es tun, oder die unkeuschen Geschichten, von denen IMAM AR-RĀĠIB in seinem Sammelwerk berichtet. Um sich der Krassheit dieser verlorenen Offenheit bewusst zu werden, sollen in diesem Zusammenhang ein paar Anekdoten, die IMAM AR-RĀĠIB erwähnt, zu Wort kommen:

> *„Einer der alten Männer [Šuyūḫ]*[109] *aus Bagdad erzählte: 'Ich holte einen Knaben zu einer Kammer und als ich ihn penetrieren wollte, sagte mir der Knabe: 'Tue das nicht, denn ich habe über meine Ledersocken [Ḫuffayn] gestrichen und ich will nicht, dass meine rituelle Waschung [Wuḍūʾ] gebrochen wird.'*[110] *Daraus lernte ich, dass das Reiben zwischen den Schenkeln keine große Waschung [Ġusl] von den beiden erfordert.'"*[111]

In dieser Passage – und das werden wir in einer intensiveren Form bei Imam as-Suyūṭī sehen – erkennt man, dass es für die Gelehrten der Vormoderne kein Problem war, Anekdoten zu erzählen, die nicht nur verbotene Handlungen thematisierten, sondern auch über Fiqh-Themen mit einem frivolen Humor erzählten. Es ist nicht nur bei den Fiqh-Themen geblieben, sondern der Koran selber wurde nicht davon verschont. Es soll hier nochmals betont werden, dass der Autor dieses Werkes jemand ist, der sehr wohl die Stellung des Korans kennt und einer der bekanntesten Korankommentatoren war. Dieser Gelehrte war nicht nur das, vielmehr war er auch der Autor eines der wichtigsten Ethik-Bücher des Islams.[112] Wir haben es hier also mit einem Korankommentator und Ethiker zu tun. In einem weiteren Abschnitt mit dem Titel „*Die käuflischen Burschen und Frauen*" schrieb er:

> *„Abū Nawwās lief bei einem Wrack vorbei und sah wie ein alter Mann einen Knaben bestieg; daraufhin sagte er: 'Was sind diese Statuen, die ihr verehrt?' Q 21:52. Er antwortete: 'Wir wollen davon essen' Q 5:113. Dann sagte Abū Nawwās: 'So esst davon und beköstigt den Notleidenden, den Bedürftigen' Q 22:28. Alsdann meldete sich der Knabe und sagte: 'Ihr werdet die Belohnung nicht bekommen, ehe ihr nicht von dem ausgebt, was euch lieb ist.' Q 3:93. [Es wird auch erzählt], dass ein Koranrezitator [Muqri'] einen Knaben verführen wollte. Das Kerlchen fragte ihn dann: 'Was gibst du mir dafür?' Er sagte ihm: 'Ich werde, solange ich lebe, für dich um Verzeihung bitten und täglich zu deinen Gunsten ein paar Koranverse lesen.' Der Knabe lehnte mit der Aussage ab: 'Lies eher für dich den folgenden Vers: 'Und Gott wies zurück*

die, die leugnen in ihrem Groll. Nicht erreicht haben sie etwas Gutes." Q 33:25. [In einer anderen Erzählung steht], dass ein Mann einem Burschen ein paar Silbermünzen bescherte. Jedoch als er sein Glied entblößte, hat den Burschen die Größe erschrocken und er verweigerte sich. So sagte ihm der Mann: 'Entweder du erträgst die Penetration oder du beschimpfst Muʿāwiya.[113]' Der Bursche erwiderte: 'Das Ertragen der Penetration ist mir lieber als das Beschimpfen meines Onkels[114] und Befehlshabers der Gläubigen.' Als er ihn penetriert hat, sagte er: 'Ach mein Herr! Das ist in der Liebe zu deinem Freund [Waliyy] gering! O Allah, ich habe mich geopfert, damit Muʿāwiya nicht beschimpft wird, so schenke mir Standhaftigkeit.'"[115]

Die Benutzung von koranischen Passagen, aber nicht als Koran, sondern als Teil der normalen Rede, gilt als ein stilistisches Mittel der arabischen Rhetorik, das *al-Iqtibās* bzw. *al-Istišhād* genannt wird.[116] Es gilt allgemein als erlaubt, jedoch nicht in den spaßigen oder frivolen Reden.[117] Das ist zumindest die Position der Mehrheit der Gelehrten, wie Imām aṣ-Suyūṭī es in einem Traktat zu diesem Thema erläutert hat[118] und das macht die Sache hier umso beachtenswerter. Denn Imam ar-Rāġib, als Linguist und Rhetoriker, sollte diese Grundregel des Zitierens aus dem Koran bekannt sein, dennoch erwähnt er kommentarlos Anekdoten, die mit dieser Richtlinie zu brechen scheinen. Das mindeste, was man hier feststellen kann, ist die Tatsache, dass der Autor es nicht als sündhaft sah, diese Geschichten, die eine bestimmte Grenze überschritten, anzuführen. Diese Erzählungen geben uns Einblicke in die damalige Gesellschaft, die nicht immer prüde war, wie heute gern von den Vertretern des ideologisierten Islams angenommen wird. Ideale Gesellschaften gab es nie und es wird sie wahrscheinlich nie geben. Auch die Haltung der „*Salaf aṣ-ṣāliḥ*“ (die frommen Altvorderen), die für eine große Mehrheit der Muslime als Maßstab der Religiosität gelten, entsprachen den viktorianischen Vorstellungen von Scham und Anstand nicht. Wir lesen in einem weiteren Abschnitt aus dem Werk von IMAM AR-RĀĠIB folgende Aussagen:

> *„Saʿīd b. al-Musayyib pflegte zu sagen: 'O Allah, stärke meinen Penis, denn darin liegt die Zufriedenheit meiner Gemahlin [ahlī]'“*[119]

> *„Ibn Sīrīn sagte: 'Der schamloseste*[120] *Sex ist der köstlichste.' al-Aḥnaf sagte: 'Wenn ihr von den Frauen geliebt werden wollt, dann seid schamlos im Beischlaf und habt schönes Benehmen [mit ihnen].' Ein Mann fragte aš-Šaʿbī: 'Was sagst du zu dem Fall, wo eine Frau ihrem Mann [aus Verzückung] während des Geschlechtsverkehrs du hast mich getötet, du quälst mich stöhnt?' Er erwiderte: 'Er soll sie [damit] töten und ihr Blutgeld ist auf meine Kosten.' […] Es wurde gesagt: 'Bei zwei Situation verliert man den Verstand, beim Beischlaf und beim Wettrennen.'“*[121]

Es soll nicht aus diesen Aussagen geschlussfolgert werden, dass die frühen Muslime schamlos und libertin waren, vielmehr zeigen sie uns, dass Scham und Anstand damals mit anderen Vorstellungen und Normen verbunden waren und dass ein ziemlich radikaler Denkwandel stattfand. Es kommt auf die Brille an, durch welche man diese Epoche sieht. Benutzt man moderne Kategorien, dann scheint die damalige muslimische Gesellschaft zügellos und das ist in der Tat die Konklusion, zu welcher laut Thomas Bauer der Westen kam.[122] Dieses Bild wurde dann von vielen Muslimen übernommen und sie standen deswegen vor dem Dilemma, entweder durch Kritik und Ablehnung die damaligen Vorstellungen über den Sex zu überwinden oder die eigene Geschichte zu „säubern“. Letzteres wäre dann die andere extreme Position, die die frühen Jahrhunderte des Islams stark idealisiert und ideologisiert, sodass am Ende ahistorische Bilder von dieser Epoche entstehen. Allerdings ist eine solche Zensur nur bei den Werken möglich, die nur einige bzw. nur teilweise „problematische“ Kapitel für den modernen Leser beinhalten.[123] Denn neben den literarischen Sammlungen, die uns zahlreiche gewagte Geschichten aufbewahrt haben, findet man eine spezielle Gattung, die explizit das Thema Sex und Erotik behandelt und diese kann man nicht zensieren, es sei denn, man lässt sie als Handschriften in Vergessenheit geraten. Zu dieser Gattung zählt man z. B. *Nuzhat al-Aṣḥāb fī-Muʿāšarat al-Aḥbāb* von Imam as-Samawʾal b. Yaḥyā (gest. um 1175)[124]. Dieses Werk stammt von einem Gelehrten, welcher in Mathematik, Medizin und Apologie glänzte. Sein Buch *Nuzhat al-Aṣḥāb* beſteht aus zwei Hauptteilen. Der erſte Teil behandelt zwölf theoretische Fragen des sexuellen Lebens, während der zweite Teil in zwölf Kapiteln Präparate sowie verschiedene medizinische Fragen thematisiert. Um sich ein Bild vom Inhalt des Buches zu verschaffen, scheint es mir von Nutzen, den Inhalt des erſten Kapitels zu übersetzen[125]: **Kapitel 1:** Die Vorzüge des Sexes; **Kapitel 2:** Die Quantität des Sexes. In diesem Kapitel geht er auf die Fragen ein, wie viel Sex man in welchem Alter und in welchem körperlichen bzw. seelischen Zuſtand braucht; **Kapitel 3:** Über die Gründe, warum manche nach mehr und andere nach wenig Sex verlangen; **Kapitel 4:** Über die Impotenz. Hier behandelt er in mehreren Unterkapiteln die möglichen medizinischen Gründe der Mannesschwäche wie z. B. die Herzschwäche, Nervenschwäche usw.; **Kapitel 5:** Über die Gründe der Abneigung vor dem Sex; **Kapitel 6:** Über die Abweichung vom natürlichen Weg beim Sex. In diesem Kapitel geht es in zwei Unterpunkten um die Frage, warum es gleichgeschlechtlichen Geschlechtsverkehr unter den Männern und Frauen gibt. Interessant iſt in diesem Zusammenhang die Wissenschaftlichkeit des Autors. Er sieht den gleichgeschlechtlichen Sex nicht als eine Krankheit, sondern als etwas, was „in seiner Zeit unter vielen Vernünftigen verbreitet war."[126] Die Tatsache, dass etwas im Islam verboten iſt, war kein Hindernis, diese verbotene Handlung vernünftig mit den damaligen wissenschaftlichen Methoden zu untersuchen; **Kapitel 7:** Warum manche junge Männer zu einer unbegrenzten Zahl an hübschen Frauen tendieren; **Kapitel 8:** Warum die Gotteskenner den Sex mögen; **Kapitel 9:** Über die Ethik des Zusammenlebens; **Kapitel 10:** Über den Erwerb von Sklaven; **Kapitel 11:** Über die Ehe; **Kapitel 12:** Über die Vermittlung zwischen den Heiratswilligen.

Ein weiteres Werk, welches noch provokantere Themen behandelt, ist *Nuzhat al-Albāb fī-mā lā-yūǧad fī-Kitāb* von Aḥmad b. Yusuf at-Tīfāšī (gest. 1253)[127], welcher Mineraloge, Rechtsgelehrter und Richter war. In zwölf Kapiteln behandelt er die Geschichten, Anekdoten und Gedichte verschiedener „Abweichler". Auch hier finden wir das gleiche Schema: am Anfang jedes Kapitels erwähnt er in ein paar Zeilen, dass diese oder jene Praxis verboten sei, um daran anschließend alle möglichen Arten von hemmungslosen Geschichten und Anekdoten zu erzählen. In manchen Kapiteln beschreibt er sogar, wie die Wohnung eines käuflichen Burschen optimal aussehen soll[128] oder wie man sich nachts zu jemandem einschleichen kann.[129] Der Leser ist mit einem surrealistischen Bild konfrontiert, das man kaum mit der verbreiteten Vorstellung von der sogenannten „islamischen Geschichte"[130] oder Gelehrsamkeit vereinbaren kann. Wenn man die Tatsache verinnerlicht, dass dieser Text von einem Richter aus dem 13. Jh. stammt und dass der osmanische Sultan Selim I. diese Literatur las und ins Osmanische übersetzen ließ,[131] so würden automatisch viele Annahmen über die eigene Geschichte und das Verständnis vom Islam in Frage gestellt. Zusammengefasst beinhaltet das Buch die folgenden Themen:[132] **Kapitel 1:** Über das (scherzhafte) Schlagen; **Kapitel 2:** Über die Arten der Zuführer und Zuführerinnen; **Kapitel 3:** Über die Entlohnung und die Merkmale der Huren; **Kapitel 4:** Über die Anekdoten der Huren und ihre Gedichte; **Kapitel 5:** Über die Anekdoten und Gedichte der Unzüchtigen; **Kapitel 6:** Über die Entlohnung und die Merkmale der Schwulen; **Kapitel 7:** Über die Anekdoten und Gedichte der käuflichen Burschen; **Kapitel 8:** Über die Anekdoten der Schwulen und ihre Gedichte; **Kapitel 9:** Über den Dabb[133]; **Kapitel 10:** Über den Analverkehr mit den Frauen; **Kapitel 11:** Über den Lesbianismus und die Lesben sowie ihre Anekdoten und Gedichte; **Kapitel 12:** Über die Zwitter sowie ihre Anekdoten und Gedichte.

Imam at-Tifāšī wird auch das Buch „*Ruǧūʿ aš-Šayḫ ilā Ṣibāh*" zugeschrieben, jedoch gehen andere Gelehrte davon aus, dass es von dem osmanischen Universalgelehrten Ibn Kamāl Pascha verfasst wurde. Aktuelle Forschungen tendieren eher zu der Ansicht, dass das Original von at-Tifāšī stammt, jedoch wurde das Buch von Ibn Kamāl Pascha erweitert und ebenfalls auf Befehl des Sultans Selim I. ins Osmanische übersetzt.[134] Das Buch gehört zu den wichtigsten Werken über Sex und Erotik und ist eines der umfangreichsten. Es beinhaltet zwei Teile – einen für die Männer und einen für die Frauen – die jeweils dreißig Kapitel enthalten. Die Themen sind sehr mannigfaltig, so findet man Kapitel über die Anatomie, über die Präparate und medizinischen Fragen, über die Verlängerung des männlichen Geschlechtsteils, über die Stärkung der Potenz, über die Liebe, über die Positionen beim Geschlechtsakt, über die Dinge, die die Frauen beim Geschlechtsverkehr mögen und über die Kosmetik. Auch gibt es in diesem Buch zahlreiche Kapitel, in welchen erotische Geschichten und Anekdoten erzählt werden.[135]

Es gibt noch weitere Werke,[136] deren Vorstellung hier den Rahmen dieser Einführung sprengen würde; deswegen wird sich das nächste Kapitel auf die Vorstellung der Werke von Imam aṣ-Ṣuyūṭī beschränken.

Als letzte Bemerkung in diesem Kapitel soll erwähnt werden, dass die Erotik auch eine Rolle in den Schriften des Taṣawwuf spielt. So findet man zahlreiche Gedichte, die die Schönheit der Frau und die Liebe zu ihr thematisieren, um sie als Allegorien für die sūfischen Erfahrungen zu benutzen. Muḥyī ad-Dīn Ibn al-ʿArabī betrachtete in seinem Werk *Fuṣūṣ al-Ḥikam* den Hadith „*Von eurer Welt wurden mir drei Dinge lieblich gemacht nämlich die Frauen, das Parfum und das Gebet.*" als die Essenz der muḥammadanischen Weisheit und dedizierte dem Kapitel über den Propheten ﷺ die Erläuterung dieses Hadith.[137] Er war z. B. der Meinung, dass man das Göttliche am stärksten und perfektesten in der Frau erkennen kann und dies insbesondere während des sexuellen Aktes.[138] Der Taṣawwuf und die Erotik sind in der Tat ein breites Thema und es wurde hier nur kurz erwähnt, um zu zeigen, dass die muslimischen Gelehrten den Sex und die Erotik auch in diesem Bereich nicht vergessen haben. In diesem Zusammenhang könnte man auf die folgenden Arbeiten hinweisen: *The Hermeneutics of Eroticism in the Poetry of Rumi* von Mahdi Tourage; *Sufi Narratives of Intimacy: Ibn ‚Arabi, Gender, and Sexuality* von Sa'diyya Shaikh und *al-Unūṯa fī-fikr Ibn ʿArabī* von Nazha Barrada oder auf meinen Aufsatz *Die Weiblichkeit bei Muḥyī ad-Dīn Ibn al-ʿArabī*.[139]

Imam as-Suyūṭī und seine Werke über Sex und Erotik

Imam as-Suyūṭī gehört zu jenen Gelehrten, deren Bücher bis heute als Standardwerke im Bereich der Koranwissenschaft, Tafsīr, Hadithwissenschaft und Fiqh gelten. Dass er im Bereich der Erotik der muslimische Autor par excellence war, ist hingegen nicht so recht bekannt. Unser Gelehrter hat in der Tat zahlreiche Werke geschrieben, die direkt oder indirekt sexuellen oder erotischen Themen gewidmet sind. In diesem letzten Abschnitt sollen seine Werke zu der hier behandelten Thematik einzeln vorgestellt werden.

Die Forschung steckt auf diesem Gebiet leider noch in ihren Anfängen, deswegen fand ich es ergiebiger, mich direkt mit den Primärquellen zu beschäftigen, um mir ein erstes Bild von dem Erbe Imam as-Suyūṭīs mit dem Thema der Erotik zu verschaffen. Eine der letzten Arbeiten über Imam as-Suyūṭī stammt von George Kadr aus Syrien, der die Werke von Imam as-Suyūṭī im Bereich der Erotik in einem dreibändigen Werk gesammelt hat, was eine große Hilfe für die vorliegende Arbeit war, aber auch für weitere Forschungen, da er ebenfalls noch nicht editierte Handschriften in dieser Sammlung aufgenommen hat. Sein Verzeichnis der Werke, die mit dem Thema Sex und Erotik zu tun haben, wurde in der folgenden Auflistung übernommen.[140]

1. al-Ifṣāḥ fī-Asmā' an-Nikāḥ (Die Klarheit bezüglich der Namen des Beischlafes) und Ḍaw' aṣ-Ṣabāḥ fī-Luġāt an-Nikāḥ (Das Morgenlicht in den Sprachvarianten des Beischlafes)

In diesen beiden Werken behandelte er die verschiedenen Namen und Sprachvarianten der sexuellen Begriffe sowie ihre Bedeutungen. So führt er hunderte von Namen für den Geschlechtsverkehr, den Penis, die Scheide, die Geräusche beim Sex sowie die Details des Körpers an. Es handelt sind dabei eher um Auflistungen von den Begriffen, mit einer knappen sprachlichen Erklärungen dazu. Das gleiche Thema kommt ebenfalls in anderen Texten vor.

2. al-Yawāqīt at-tamīna fī-Ṣifāt as-Samīna (Die kostbaren Perlen in den Eigenschaften der fettleibigen Frau)

Hier geht IMAM AS-SUYŪṬĪ auf die Eigenschaften der fettleibigen Frauen ein. Dieses Werk ist gerade deshalb interessant, weil es erstens den heutigen Lesern aufzeigt, dass es einen Wandel in den Schönheitsvorstellungen gab und zweitens weil der Autor darin sehr detaillierte Beschreibungen des Körpers von Frauen gibt, die tatsächlich gelebt haben, und dies ist etwas, was bei einem modernen Gelehrten fast unvorstellbar wäre. IMAM AS-SUYŪṬĪ erwähnt z. B. in diesem Buch ʿĀ'IŠA BINT ṬALḤA,[141] die Tochter von einem der wichtigsten Gefährten des Gesandten ﷺ, mit der folgenden Beschreibung:

„ʿĀʾiša (bint Ṭalḥa) war bekannt durch das prächtige Gesäß. Sie konnte deswegen nicht aufrecht ßtehen und sie pflegte zu sagen: ‚Ich bin wegen euch beiden (den beiden Gesäßbacken) in einem Jammer.‘“[142]

Nach dieser Geschichte geht IMAM AS-SUYŪṬĪ noch einen Schritt weiter und zitiert aus älteren Quellen folgendes:

„Eine Frau überlieferte: 'Ich war bei ʿĀʾiša bint Ṭalḥa und als ʿUmar b. ʿAbdillāh, ihr Mann, (nach Hause) kam, wechselte ich den Platz. Als er hereinkam, spielte er mit ihr eine Weile und dann penetrierte er sie [waqaʿa ʿalayhā]; so wurde sie hemmungslos, ßtöhnte und zeigte Wunder, was die Bewegungen [während des Beischlafes] (Rahz) anbelangt. Während dessen hörte ich [alles]. Als ihr Mann weg war, sagte ich ihr: ‚Du bißt aus so einer edlen Abßtammung und du genießt einen hohen gesellschaftlichen Rang und trotzdem tußt du so etwas?' Sie antwortete: 'Wir tun alles für diese Hengßte [Fuḥūl] und alles was [ihre Lußt] erregt, also was findeßt du daran falsch?' Ich sagte: 'Mir ißt lieber wenn so etwas nachts geschieht.' Sie erwiderte: 'Es ißt nicht so, vielmehr ißt es so, dass wenn er mich sieht, seine Lußt brennt und deswegen ßtreckt er seine Hand zu mir und dann passiert das, was du erlebt haßt.'“[143]

Die falsche Frage in diesem Zusammenhang wäre, nach der Authentizität solcher Berichte zu fragen. Denn angenommen sie wären verfälscht und nicht authentisch, dann bleibt trotzdem die eigentliche Frage bestehen, warum Imam as-Suyūṭī und andere überhaupt solche Texte bringen. Warum empfand er es nicht als scharia-widrig, eine solche Beschreibung der Frau sowie Aspekte ihres intimen Lebens zu erzählen? Außerdem stellt die Frage nach der Authentizität nur noch mehr Fragen in den Raum. Egal wie authentisch diese Erzählungen sind, bleiben sie für den modernen Leser problematisch, da man hier nur drei Möglichkeiten hat: entweder sind diese Überlieferungen authentisch, nicht authentisch oder der Autor kannte ihre Echtheit nicht. (**a**) Sind sie authentisch, dann bleibt, wie gesagt, die Frage, warum die Überlieferer ohne Hemmungen diese und ähnliche Geschichten tradierten. (**b**) Sind sie nicht authentisch oder kannten Imam aṣ-Ṣuyūṭī und die anderen Gelehrten den Authentizitätsgrad nicht, dann scheint dies aus heutigem Blickwinkel noch problematischer zu sein. Denn hier würde es heißen, dass die Autoren Dinge über historische Persönlichkeiten erzählt haben, die nicht stimmten. Aber wegen des übertriebenen Historizitätsfetischismus der Moderne verstehen viele nicht, dass die klassischen Gelehrten, wenn sie über Themen wie die Belletristik schrieben, nicht an einer Wiedergabe von historischen Ereignissen interessiert waren, sondern vielmehr an etwas anderem. Die Erzählung als Inhalt an sich war hier im Fokus und nicht die Erzählung als Überlieferung, deren Authentizität geprüft werden soll. Versteht man das, dann begreift man, warum die Authentizität außerhalb der Geschichtsschreibung sowie den rein normativen Disziplinen wie des Fiqh oder Kalam zweitrangig war. Das Überlieferte, das Erzählte und das Geschriebene hat eine Eigendynamik und war nicht immer von dem historischen Hintergrund seiner Entstehung abhängig. Der Text lebte durch sich selbst. Der Text ist hier Selbstzweck. Ob jetzt ʿĀʾIŠA BINT ṬALḤA ein prächtiges Gesäß hatte, wie IMAM AṢ-ṢUYŪṬĪ bemerkt, oder nicht, ist nicht die Frage. Fakt ist, unser Imam hat so eine Beschreibung in seinem Buch ohne Selbstzensur und ohne es als schamlos zu empfinden, erzählt. Der Salafist bzw. der Ideologe, der auch in modernen Kategorien denkt, würde versuchen die Echtheit dieser Berichte zu verleugnen. Allerdings kann er nicht die Tatsache verleugnen, dass diese Texte in zahlreichen Werken der Muslime der Vormoderne vorzufinden sind.

3. Nuzhat al-ʿUmr fī-Tafḍīl al-Nīḍ wa-Sūd wa-Sumr (Der Vergleich zwischen den Weißhäutigen, Schwarzhäutigen und den Braunen)

In diesem Traktat, welches eine Sammlung von verschiedenen Gedichten ist, geht es um die Frage, ob die Schwarzen, die Weißen oder die Braunen schöner sind. Um diese Frage zu beantworten, bringt IMAM AS-SUYŪṬĪ vier Positionen, nämlich die von jenen, die jeweils eine Gruppe von den dreien bevorzugen haben und diejenigen, die in dieser Frage gerecht bzw. unentschieden waren. Die Gedichte beinhalten manchmal subtile erotische Bilder, die den Geliebten, welcher einmal ein Mann und einmal eine Frau ist, beschreiben.[144]

4. Nuzhat al-Ǧulasā' fī-Aš'ār an-Nisā' (Die Gedichte der Frauen)

Dieses Buch ist eine Sammlung von biographischen Anekdoten und Gedichten bekannter arabischer Frauen. In den Gedichten geht es um Liebe, Sehnsucht aber auch um Sex. Die weibliche Dichtung ist meines Erachtens die wichtigste Quelle für das Erforschen des Alltagslebens der Frau in den muslimischen Gesellschaften der Vormoderne, aber auch um genauere Einblicke in die Gefühle und Sorgen der damaligen Frauen zu bekommen. Es sind gerade diese Fragmente, die hier und da in erster Linie in den Gedichten sowie in den Anekdoten und Biographien zerstreut sind, die uns heute eine ungefähre Rekonstruierung der „Frauenwelt" in den muslimischen Gesellschaften der Vormoderne ermöglichen können und nicht die normativen Texte, die oft von einem „Soll-Zustand" und nicht von einem „Ist-Zustand" sprechen. Imam as-Suyūṭī ist in seiner Sammlung diesbezüglich authentisch. Denn bei ihm wird nicht zensiert, sondern er zitiert die Gedichte und die Anekdoten genauso, wie sie in älteren Quellen vorzufinden sind. Nicht nur zensurlos, sondern auch kritiklos werden die frivolsten Erzählungen zitiert. Zwei Beispiele sollen hier diese für uns ziemlich gelassene Haltung verdeutlichen. Das eine ist von Wallāda bint al-Mustakfī, dazu schreibt Imam as-Suyūṭī:

> *„Sie stickte mit goldenen Fäden auf der rechten Seite eines ihrer Kleider den folgenden Vers:*

'Wahrlich bin ich für das Edle geeignet / Und in meinem Lauf ist Trunkenheit'[145]

und auf der linken Seite:

'Ich schenke meine Wange dem Geliebten / Ein Kuss gebe ich dem, der ihn wünscht'"[146]

Das zweite Beispiel stammt von einer weiteren Dichterin und zwar Ṯawāb bint ʿAbdillāh al-Ḥanẓaliyya. Imam as-Suyūṭī erwähnte, dass ein Mann sie heiraten wollte; ihre Antwort auf ihn waren die folgenden Verse:

„Dein Glied hat an der Tür meiner Scheide keine Hoffnung / Treibe ihn von der Tür meiner Scheide weg und führe ihn dorthin, von wo er herkommt."[147]

Nach diesem Vers zitiert Imam as-Suyūṭī ohne Kritik den bekannten Lexikografen und Literat Abū Manṣūr aṯ-Ṯaʿālibī (gest. 1038):

„Bei Allah, sie ist mit diesen beiden Versen bekannter als Kabša bint ʿAmr, Ḫansāʾ bint Ṣaḫr, Ǧanūb al-Huḏayliyya und Laylā al-Uḫayliyya geworden."[148]

Wie viele Theologen würden heute öffentlich ihre Bewunderung für ähnliche Gedichte kundtun? Auch die heutigen Gelehrten, von denen man denkt, sie wären traditionell, mögen zwar eine solide Ausbildung in der Tradition als Wissen haben, denken jedoch selber in Kategorien, die mit der Tradition nichts zu tun haben.

Oft ist in ihrer Haltung und Position eine versteckte Apologetik gegen einen abwesenden Adressat. Viele jener, die man heute als klassische Gelehrte wahrnimmt, sind oft nur Abbilder der Gelehrsamkeit aus dem späteren 19. Jh. und Anfang des 20. Jh. und repräsentieren keineswegs eine unberührte authentische Tradition, wie oft vermittelt wird. Denn die meisten von ihnen würden ratlos sein bzw. defensiv und ablehnend auf solche Texte früherer Gelehrter reagieren.

5. al-Mustaẓraf fī-Aḫbār al-Ǧawārī (Die Anekdoten der Mägde)

Dieses Buch ähnelt dem vorigen mit dem einzigen Unterschied, dass es hier um die Mägde geht; auch in diesem Text kommen Gedichte und Anekdoten vor, die einen erotischen Touch haben.[149]

6. al-Mustaḍrafa fī-Duḫūl al-Ḥašafa (Über die Penetration der Eichel)

Dieses Werk gehört zum Bereich des Fiqh und erörtert die Rechtskonsequenzen der Penetration der Vagina durch die Eichel, wie z. B. das ungültig Werden des Fastens[150] oder der Pilgerfahrt, aber auch die Fälligkeit der gesamten Brautgabe nach einem Ehevertrag.[151] Insgesamt erwähnt Imam as-Suyūṭī ca. 150 Rechtskonsequenzen in allen rechtlichen Bereichen. Es muss hier darauf hingewiesen werden, dass dieses Traktat kein Kommentar zu einem Gedicht von Ibn al-ʿAfīf ist, wie Ḥāǧǧī Ḫalīfa in seinem Index anführt. Es handelt sich hier um einen Fehler, wie George Kadr festgestellt hat, nachdem er die Handschrift von *al-Mustadrafa fī-Duḫūl al-Ḥašafa,* die in der al-Asad Bibliothek vorliegt, geprüft und ediert hat.[152]

7. *al-Wišāḥ fī-Fawāʾid an-Nikāḥ (Über den Nutzen des Sexes)*

Das ist die Zusammenfassung eines von ihm nicht veröffentlichten Werkes und es ist in drei Hauptkapitel unterteilt. Das erste Kapitel ist eine Sammlung von Überlieferungen des Propheten, der Gefährten sowie der frühen Gelehrten, die den Sex in vielen Facetten thematisierten. Zweck dieses Kapitel gilt es zu zeigen, dass der Sex etwas Empfohlenes, Gutes und Löbliches ist, solange er im erlaubten Rahmen stattfindet. Im zweiten Kapitel behandelt er über 400 Synonyme für den Begriff *Ǧimāʿ*, welcher Geschlechtsverkehr, Sex oder Koitus bedeutet.[153] Ab und zu erklärt er einzelne Wörter um sie voneinander zu unterscheiden, denn es handelt sich hier nicht immer um vollständige Synonyme, sondern auch um Begriffe mit feinen lexikografischen Unterschieden. Auch für die Begriffe Penis, Eichel, Vagina und ihre Teilbereiche sowie für die Bewegungen während des Geschlechtsverkehrs bringt er Hunderte von Synonymen in der arabischen Sprache. Das dritte Kapitel ist eine Sammlung von erotischen Anekdoten.

8. *Šaqāʾiq al-Utruǧ fī-Raqāʾiq al-Ġunǧ (Die Feinheiten der Erotik)*

In dieser Abhandlung thematisiert IMAM AS-SUYŪṬĪ die Verführungskunst der Frau. Der Text ist eine Antwort auf die Frage, ob der *Ġunǧ*[154] für die Frau erlaubt ist. Der *Ġunǧ* ist nicht nur Verführung an sich, sondern ist auch untrennbar mit der sexuellen Verführung und der Hemmungslosigkeit verbunden.[155] Der Text gibt uns in diesem Zusammenhang klare Belege dafür, dass der sexuelle Akt von den Muslimen nicht nur als eine Zeugungshandlung verstanden wurde, sondern vielmehr auch ein Genuss für die beiden Partner sein soll. Und weil es etwas ist, das man genießen soll, so spielt das Verführerische, Erotische und ja, auch das Schamlose dabei eine wichtige Rolle. IMAM AS-SUYŪṬĪ fängt den Text mit einer sprachlichen Abhandlung an, in welcher er mehrere Begriffe ausführlich erklärt, darunter z. B. *ar-Rafaṯ*, welcher sowohl das erregende Gespräch während des Beischlafes als auch der Akt selbst bedeuten kann[156] oder z. B. *ar-Rahz*, welcher mehrere Bedeutungen hat, darunter die erregenden Bewegungen während des Sexes aber auch das Bettgeflüster.[157]

9. *Nawāḍir al-Ayk fī-Maʿrifat an-Nayk (Über den Sex)*

Dieses Buch kann neben *Rašf az-Zulāl min as-Siḥr al-ḥalāl* (Die süßen Tropfen in der erlaubten Magie) zu den gewagtesten Büchern in dieser Thematik gezählt werden. Denn in diesem Werk behandelt IMAM AS-

Suyūṭī tatsächlich nur rein sexuelle Themen. Ein zentrales Thema dieses Buches sind die sexuellen Positionen und Bewegungen. Imam as-Suyūṭī bringt über 140 Sexpositionen in diesem Werk. George Kadr hat in seiner Studie festgestellt, dass wenn man entsprechene Hinweise in anderen Werken von as-Suyūṭī berücksichtigt, man auf die Zahl 200 kommt.[158] Dies sind deutlich mehr Stellungen als in dem klassischen Buch Kamasutra, welches 64 Positionen aufführt.[159] Neben der Beschreibung von Sexstellungen behandelt Imam as-Suyūṭī in diesem Buch die sexuelle Lust im Allgemeinen, aber auch Themen wie die weibliche Ejakulation, das weibliche sexuelle Verlangen, die Bewegungen während des Geschlechtsverkehrs. Dazu kommen zahlreiche Anekdoten und Gedichte, die man heute von einem Gelehrten wie Imam as-Suyūṭī nicht erwarten würde. Der Widerspruch liegt aber nur in der heutigen Denkweise, nicht in den Texten dieses Imams begründet. Es ist wichtig, in diesem Zusammenhang ein paar Beispiele von den Anekdoten, die er in diesem Werk vorbrachte, zu erwähnen, um sich ein Bild von dieser verlorenen Offenheit zu verschaffen:

„Abū al-Ǧamūs al-Bazzāz berichtete: 'Als ich noch jung war, ging ich mit meinem Lehrer zum Hause von Ḥamdūna b. ar-Rašīd um ein edles Kleid aus Seide zu verkaufen. Es war Daqqāq,[160] die mit uns vor der Tür in einer frivolen Art den Preis verhandelte. Sie hatte in ihrer Hand einen Fächer worauf folgendes geschrieben

> *war: 'Die Scheide braucht eher zwei Penisse als der Penis zwei Scheiden genauso wie die Mühle eher zwei Maultiere braucht als ein Maultier zwei Mühlen.'“*[161]

In einer anderen Geschichte, die er erwähnte, steht folgendes:

> *„Es wurde erzählt, dass, als ein Grammatiker mit seiner Frau schlafen wollte, er ihr sagte: 'Komm her, drücke deinen Rücken gegen den Boden, strecke deine Beine gen die Decke, empfange mit deiner Scheide das Glied und befeuchte es mit Bi**ṣ**āq (Speichel), und wenn du willst, dann mit Bi**s**āq und wenn du willst mit Bi**z**āq, denn alle haben die gleiche Bedeutung, genauso wie die (Koranlesarten) **Ṣ**irāṭ (Weg), **S**irāt und **Z**irāt.' Kaum war er fertig mit seiner Erklärung, warf sich die Frau nieder. Ihr Mann fragte sie: 'Was tust du?' Sie antwortete: 'Ich danke Allah, dass ich es erleben durfte, wie auf meine Scheide drei Lesarten gelesen werden.'“*[162]

Die Benutzung der theologischen Terminologie oder allgemein der Fachterminologie anderer Disziplinen, wie der Grammatik oder Rhetorik, um erotische Szenen zu beschreiben, findet man zwar bei vielen Gedichten und Erzählungen, wie wir schon vorher am Beispiel in der Anekdote zwischen Abū Nawwās und dem alten Mann sahen, aber kein Gelehrter hat es in der Art gemeistert wie Imam as-Suyūṭī. Ein ganzes Buch widmete er dieser Gattung, und zwar:

10. *Rašf az-Zulāl min as-Siḥr al-ḥalāl (Die süßen Tropfen in der erlaubten Magie)*

Dieses Werk gehört zu der Gattung der *Maqāmat*, welche gereimte Prosatexte sind. In dieser *Maqāma* erzählt Imam as-Suyūṭī die fiktive Geschichte von zwanzig Gelehrten, die gemeinsam das Festgebet verrichtet haben. Der Imam erwähnte während der Festpredigt die Vorzüge der Ehe bzw. des Geschlechtsverkehrs, da der Begriff *Nikāḥ* beides bedeutet. Nach dem Festgebet beschließen die zwanzig Freunde alle am gleichen Tag zu heiraten. Und in der Tat haben alle an dem gleichen Tag geheiratet. Bis jetzt, und abgesehen davon, wie schnell sie alle heiraten konnten, scheint die Geschichte normal zu sein. Am nächsten Tag trafen die Herzensbrüder zusammen und jeder sollte seine erste Nacht mit seiner Frau beschreiben, genauer gesagt, jeder sollte darlegen, wie der Geschlechtsakt mit der Ehegattin war.[163] So ließ unser Autor jeden der zwanzig Gelehrten die erste Nacht mit der Terminologie seines Faches beschreiben. Imam as-Suyūṭī schafft es, anhand von Sprachbildern und ambigen Begriffen aus den unterschiedlichsten Disziplinen, den sexuellen Akt zu veranschaulichen. Anhand der zwanzig Darstellungen stellt man fest, wie die religiöse sowie die sprachwissenschaftliche Terminologie im Arabischen erotisiert ist. Zwei Passagen sollen das hier verdeutlichen. So lesen wir in der Beschreibung des Hadithgelehrten:

> *„...qālat: taḥtāǧ ilā Tamhīd al-Maslak* [a] *fa-aḫadtu fī-l-Irsāl* [b], *wa-l-Waqf* [c] *wa-l-Idrāǧ* [d]*...*"[164]

[**a**]: *„Sie sagte: Du brauchst den Weg zu ebnen.*" Mit dem *Tamhīd* wird ein bekanntes Kommentar zu der Hadithsammlung *al-Muwaṭṭa* angedeutet.

[**b**]: *„So fingt ich an, (ihn) zu schicken.*" *al-Irsāl* heißt zwar wortwörtlich schicken, in der Hadithwissenschaft ist dies aber ein Fachterminus für das Überliefern, ohne den Gefährten, der direkt vom Propheten ﷺ gehört hat, zu erwähnen.

[**c**]: *„und anzuhalten.*" *al-Waqf* bedeutet, dass die Überlieferungskette bis zu einem Gefährten reicht, aber nicht weiter bis zum Propheten ﷺ.

[**d**]: *„und einzuschieben.*" *al-Idrāǧ* besagt, dass ein Überlieferer ein Wort oder einen Satz in das Überlieferte einschiebt.

Die zweite Passage stammt aus der Beschreibung des Rechtsgelehrten. Dort lesen wir:

> *„wa-sawwaktu Taġra al-Farǧ bi-Siwāki al-Īr mutalaḏḏiḏan*[a] *[…] wa-nawaytu al-Iʿtikāf*[b]"[165]

[**a**]: *„Und ich habe die Öffnung der Scheide mit meinem Glied „gestrichen*". Imam as-Suyūṭī benutzte in diesem Satz das Verb *sawwaka*, welches das Putzen des Mundes mit dem *Miswāk*[166] bedeutet. Das Putzen der Zähne an sich ist eine empfohlene Handlung vor dem Gebet, deswegen wird das Verb *sawwaka* vom Rechtsgelehrten benutzt.

[**b**]: *„und ich habe das Verweilen beabsichtigt“*. Für das „Verweilen“, und hier ist das Verweilen des männlichen Gliedes im weiblichen Geschlechtsteil gemeint, benutzte Imam as-Suyūṭī das Wort *„I'tikāf“*, welches im Fiqh den Rückzug in der Moschee zwecks des Gebetes und Gottesgedenkens bedeutet.

Der Autor schafft es, in diesem Kunstwerk der Ambiguität, die „Fluidität“ der Sprache zu zeigen. Er demonstriert uns, dass man anhand von religiöser und „sakralisierter“ Terminologie erotische Momente und Bilder beschreiben kann. Ja er stellt die moderne Sakralität um diese Terminologie in Frage und vielleicht stellt er sogar unser gesamtes Verständnis des Islams in der heutigen Zeit in Frage. Anhand des Spielens mit der Sprache wird uns auch die Banalität mancher Kategorien bewusst und dass die moderne Säkularisierung der Sprache ironischerweise zur Sakralisierung mancher Dinge führt, die in der Tradition gar nicht sakral waren.

Nachwort

Dieser Text hat das Ziel, Fragen in das theologische und geschichtliche Feld zu werfen. Warum konnten sich Gelehrte wie AL-ISFAHĀNĪ, IBN AL-ʿARABĪ oder AS-SUYŪṬĪ erlauben, über gewisse Themen in einer Direktheit und Offenheit, die uns heute sehr fremd erscheint, zu schreiben? Und wie kam es dazu, dass andererseits bestimmte Themen und Gattungen in der Dichtung tabuisiert worden sind? Und warum fing die Zensur mit bis heute als aufgeklärt und modern geltenden Gelehrten wie MUḤAMMAD ʿABDUH an?[167] Auch was den Prozess dieses Wandels im Denken, der stattgefunden hat, angeht, sind noch längst nicht alle Fragen beantwortet worden und es werden noch weitere Arbeiten nötig sein, um sich ein klareres Bild von den Entwicklungen der letzten 200 Jahren zu verschaffen. Des Weiteren wurde auch gezeigt, dass der Theologiebegriff bei den Muslimen Themen umfasst, die man kaum in der Theologie in ihrer abendländischen Form erwartet. Themen wie das Ausleben der Triebe, die Vorzüge des Geschlechtsverkehrs, die Sexpositionen, die Beschreibung der Frau wurden in Koran- und Hadithkommentaren, in den Werken des Taṣawwuf und des Fiqh behandelt. Man würde von einem christlichen Theologen in der Vormoderne und vielleicht bis heute nicht erwarten, dass er kamasutraähnliche Bücher schreibt, um den Wohlgefallen Gottes zu erlangen.

Ein weiterer Punkt, welchen ich versucht habe aufzuzeigen, ist, dass zwischen der normativen Literatur und der historischen Realität unterschieden werden muss. Was in den normativen Werken steht, spiegelt nicht unmittelbar die Alltagserfahrungen der Menschen in den vergangenen Jahrhunderten wider und auch nicht, wie der Islam im praktischen Sinne verstanden wurde. Denn sobald man sich mit der Dichtung, der Geschichte und anderen Gattungen, wie z. B. den Fatwa-Sammlungen auseinandersetzt, die uns die Fragen, die die Menschen damals beschäftigten, aufzeigen, stellt man fest, dass das Leben der Muslime nicht immer den vermeintlichen normativen Idealen entsprach und dass das Denken der Gelehrten der Vormoderne durch Pragmatik gekennzeichnet war und nicht, wie es heute leider der Fall ist, besessen war von der Etablierung von Idealen, die es nie gab...

Gott und Sein Prophet wissen es am Besten
und Friede und Segen auf den,
der als Barmherzigkeit für
die Welten gesandt
wurde.

Appendix I.

Eine erotische Darstellung der Kaaba: Aus Tāǧ ar-Rasāʾil (die Krone der Sendbriefe)[168] *von Muḥyī ad-Dīn Ibn al-ʿArabī (gest. 1240)*

Gelobt sei Allah, Derjenige, Der mich mit der Krone der Ehre nach der Ergebenheit kürte und Der mich mit dem Kleid der Majestät nach der Demut bekleidete und Der mich mit der einzigartigen Jungfrau unter den Entitäten, die weder ein Mensch noch ein unsichtbares Wesen deflorierte, zusammenführte. Und Friede und Segen, solange es Tag und Nacht gibt, auf den auserkorenen Herrn aus dem Geschlecht ʿAdnān.

Nun, als Allah ﷻ mich zu Seinem Heiligtum führte, mir Sein heiliges Haus zeigte und mich mit der Kaaba der entzückenden Schönheit zusammenbrachte, die einem beschatteten blühenden Garten gleicht, schaute ich eine himmlische Gestalt, eine engelsgleiche Wirklichkeit, eine überirdische junge Frau eines königlichen Ranges und mekkanischer Erziehung.[169]

Zugleich sah ich einen herabhängenden Schleier, eine Hand, die geküsst wird und Wörter, die gehört werden. Jemenitische und syrische Brisen kommen [ihr] entgegen.

Ich blickte ein Umfangen, ein Liebkosen, ein Saugen vom Mundnektar und eine leidenschaftliche Umarmung. Eloquent ist ihre Verspieltheit und verehrt ist ihre Gewagtheit.

Gewaltig ist ihre Schönheit und unübertrefflich ist ihre Majestät. Sie ist unverblasst wunderschön, ja eine Rarität ist sie. Ihre Stirn leuchtet und ihre Nase ist gleichmäßig.

Ihre Größe ist perfekt, ihre Wange ist zart. Sie ist ein vor der Sonne geschützter Lustgarten. Sie langweilt sich nicht und von ihr wird man nicht gelangweilt. Ihre Augen sind traumhaft groß und sie stolziert und verführt mit ihren Seiten.

Eine Weiße mit dem flachen Bauch
Mit glänzenden Brüsten wie ein Spiegel

Sie zeigt Zähne wie Perlen, ihr Atem ist wie die Essenz des Moschus, ihre Finger sind fein und ihre Augenlider verführerisch geschwollen, ihr Duft ist Ambra. Immerfroh ist sie, geduldig, aufrecht stehend und sie kennt weder Einwand noch Abwenden.

Sie heilt nachdem sie kränkt.

Ihre Rede ist süß und ihr Mund köstlich. Ihre Verführung ist leicht, ihre Führung schwer. Sie plagt, sie ist eine Freundin der Schlaflosigkeit, sie fesselt die Gedanken, sie verzaubert die Hinschauer, sie lässt die Körper schmelzen und die Seelen erlöschen. Sie macht den Leib dünn und glimmt im Inneren und bringt Glut dahin. Sie erzieht die Sehnsüchte. Allerdings hält sie ihre Versprechen, denn treu ist sie. Göttlich ist ihr Ursprung, herrlich ist ihre Herkunft, geistig ist ihre Wirklichkeit und tröstend ist ihr Anblick.

Wenn du ihre Rede wahrnähmest, würdest du sagen, sie wäre eine eloquente Araberin.

Und sähest du ihre latenten Hinweise, würdest du sagen, sie wäre eine schweigende Syrerin.

Ihre Beschreibung entspricht drei Namen, wie BAŠŠĀR B. BURD[170] seine Geliebte beschrieb:

Ein jungfräuliches Mädchen, vereint sind in ihr
ein Ast, ein Hügel und ein Mond

Das heißt, sie ist aufrecht wie ein Ast, ihr edles Gesäß gleicht einem Hügel und ihre Blicke sind wie ein Mondschein.

Oder, wie ich selber in einem meiner raren Gedichte noch eine vierte Eigenschaft erwähnte:

Ein Vollmond steigt unter den Regenwolken
über einem zarten Ast empor
dieser auf einem auserlesenen Sandhügel stehend

Ich habe somit den Vergleich der Verführung mit der Dunkelheit der Nacht in der Beschreibung hinzugefügt. Ihre Verführung ist erniedrigend. Sie ist einzig in ihrem Zeitalter, beispiellos in ihrer Epoche, ohnegleichen in ihrer Zeit. Ihre Feinheit ist unbeschreiblich.

Sie ist eine Sonne über den sieben Himmeln. Gabriel weilte bei ihr, Abraham, der Gottesfreund, lehnte sich an ihr an und der Erhabene lobte sie.

Ich gab ihr ein Zeichen und legte mein Hand auf ihre Hand und so führten wir Gespräche und wir besangen das Ewige und das Erschaffene, während die Menschen um sie kreisten und die Sehnsüchtigen vor ihrer Tür weilten. Ich und sie waren jedoch unter einer Decke, während die anderen dies nicht bemerkten. So fanden zwischen uns intime Gespräche und Zwiesprache statt, die geistige Erkenntnisse, göttliche Mysterien, muḥammadānische Getränke und einheitliche latente Hinweise beinhalteten.

Sie befahl mir zwischen Mittag und Nachmittag, nachdem sie mich mit dem Geheimnis der Zeit fesselte, dass ich im Nu meine latenten Hinweise, die ich ihr erzählte, in einem Heft niederschreiben soll. So habe ich auch getan, wie sie es mir befahl. Überschritten habe ich weder ihr Urteil, noch das, was zwischen uns an geistigen Gesprächen und göttlichem Atem in der herrlichen Präsenz stattfand. Die Boten der Diener göttlicher Namen vermittelten die Korrespondenzen zwischen uns und sie übermittelten ihr meinen Wunsch für die gänzliche Einheit mit der hohen und niedrigen Station und zwar bis die Universalität stattfindet und bis das verborgene Geheimnis klar wird.

So verfasste ich in diesem Heft Teile von dem, was ich in meinem geistigen Zustand vermochte und was meine Kapazität mir ermöglichte. Denn wahrlich, das

Vorhaben ist gewaltig, die Gedanken sind schwach, der Geliebte ist ermüdet, der Liebende ist schwach, das Herz ist in Flammen und das Feuer brennt im ganzen Körper, so sei genügsam, oh Fragender, mit dem, was mein Stift zu Papier brachte, denn das ist, was ich ertragen kann.

Bei Allah ist meine Hilfe und Ihm vertraue ich.

Appendix II.

Über Lust und Schönheit: Auszüge aus dem Buch I'tilāl al-Qulūb (Die Heimsuchung der Herzen) von al-Ḥāfiẓ al-Ḫarā'iṭī (gest. 937)

Ibn ʿAwn berichtete: „Eine alte Frau sagte uns: 'Ich suche Zuflucht bei Allah vor der Lüsternheit der alten Knacker.'"[171]

Makḥūl sagte bezüglich der Koranstelle: „'Unser Herr, bürde uns nichts auf, wozu wir keine Kraft haben.' Q 2:285: Damit ist die Lüsternheit gemeint."[172]

ʿAbdullāh b. Ṣāliḥ berichtete: „Wenn al-Layṯ b. Saʿd den Geschlechtsverkehr wollte, zog er sich in ein Zimmer seines Hauses zurück und ließ sich ein Tuch holen, welches man damals anzog und das man *al-Burkān* nannte. Er pflegte dann, wenn er sich zurückzog, folgendes zu sagen: 'Oh Gott, lass ihn hart werden, erhebe seine Brust, ebne für ihn den Ein- und Ausgang, schenke mir seine Wollust und beschere mir Nachkommen, die für Deine Sache kämpfen.'" Er [das heißt ʿAbdullāh b. Ṣāliḥ] fügte hinzu: „al-Layṯ hatte eine laute Stimme, sodass man dieses Bittgebet von ihm hören konnte."[173]

Der Vater von ʿImāra b. Waṯīma berichtete: „ʿAbdullāh b. Rabīʿa gehörte zu den Anständigsten und

Züchtigsten des Stammes Qurayš. Allerdings kam sein Penis nie zur Ruhe, sodass er sich mit den Qurayš weder an guten noch an schweren Ereignissen beteiligte. Und immer, wenn er eine Frau aus Qurayš heiratete, blieb sie nur einige Tage bei ihm, bevor sie dann fliehend zu ihrer Familie zurück kehrte. Diesbezüglich fragte ZAYNAB, die Tochter von ʿUMAR, Sohn von ABŪ SALAMA: 'Warum fliehen sie von ihrem Cousin [das heißt Mitglied ihres Stammes]?' Man sagte ihr daraufhin: 'Sie können ihn [sexuell] nicht ertragen.' So erwiderte sie: 'Was hindert ihn [mich zu heiraten], ich bin doch jene mit den großartigen Charaktereigenschaften, mit dem prächtigen Gesäß und der prachtvollen Scheide.'" Der Überlieferer führte fort: „So heiratete er sie und sie verkraftete ihn und gebar ihm sechs Söhne."[174]

IBN SIRĪN berichtete, dass eine Frau sich über ihren Mann bei ANAS B. MĀLIK beschwerte, da sie ihn [sexuell] nicht verkraften konnte. So urteilte [Anas], dass er mit ihr nicht mehr als sechs mal pro Tag und Nacht verkehren darf.[175]

ḪĀLID AL-ḤADDĀʾ berichtete, dass, als Adam mit Eva schlief, sie ihm sagte: „O Adam, das ist genussvoll, gib uns mehr davon."[176]

ʿABDULLĀH B. ŠAWDAB berichtete: „Eine wunderschöne Frau kam zu AL-ḤASAN AL-BAṢRĪ und fragte ihn: 'Sag mir, O ABA SAʿĪD, darf ein Mann sich neben seiner Frau zusätzlich eine weitere Frau nehmen?' Er antworte: 'Gewiss!' Sie erwiderte dann: 'Auch neben so einer Frau?' und entschleierte dabei ihr Gesicht, welches keinem Gesicht an Schönheit gleicht und führte fort: 'O Abā Saʿīd, gibt den Männern nicht solche rechtlichen Konsultationen' (Fatwā) und begab sich weg. al-Ḥasan sagte: 'Ein Mann, der so eine Frau Zuhause hat, soll sich nicht mehr um das Diesseitige kümmern.'"[177] [das heißt, andere Frauen sollen ihn nicht mehr interessieren].

Abū al-Ḥassan al-Madāʾinī erzählte: „Eines Tages kam ʿImrān b. Ḥiṭṭān, welcher hässlich, abscheulich und klein war, zu seiner bezaubernden Frau, die sich dazu schön gemacht hat. Als er sie sah, fand er sie noch bezaubernder und bewunderte sie für eine lange Zeit. Daraufhin fragte sie ihn, was mit ihm los ist. Er sagte ihr dann: 'Du bist wirklich, bei Allah, berückend.' Sie erwiderte: 'Dann lass mich dir die frohe Botschaft verkünden, dass wir beide im Paradies sein werden.' Er fragte sie: 'Woher willst du denn das wissen?' Sie sagte: 'Weil du eine wie mich bekommen hast und bist dafür dankbar und ich wurde von einem wie dir heimgesucht und zeige deswegen Langmut, [und wie du weißt], der Dankende und Langmütige sind beide im Paradies.'"[178]

Anmerkungen

1 AS-SUYŪṬĪ, ǦALĀL AD-DĪN: al-Wišāḥ fī-Fawā'id an-Nikāḥ, Damaskus: Dār al-Kitāb al-ʿArabī o. J., S. 33.

2 Das Adjektiv „islamisch" gehört zu den Adjektiven, welche man häufig verwendet, um die Zugehörigkeit eines Phänomens zum Islam zu konstatieren. Allerdings ist der arabische Begriff selber ein Neologismus. Die Kategorie „islamisch" ist auch eine der Erfindungen der Moderne und scheint mir irrführend, nicht nur, weil sie keine Entsprechung in der Tradition hat, sondern auch weil sie den Eindruck erweckt, es gäbe irgendeinen absoluten Maßstab, anhand dessen wir die „Islamischkeit" der Phänomene kategorisieren könnten. Aus diesem Grund vermeide ich die Verwendung dieses Adjektives. Hier wurde es nur deswegen erwähnt, um es zu problematisieren.

3 Fiqh wird oft mit Normenlehre bzw. Rechtswissenschaft übersetzt. In der theologischen Tradition wird sowohl jene Disziplin, die sich mit dem normativen Ergründen der göttlichen Kunde (Waḥy) als auch das Ergebnis dessen Fiqh genannt.

4 „at-Taṣawwuf ist die Lehre, die sich mit der inneren Dimension des Islams beschäftigt. Ziel des Taṣawwuf ist die reine Erkenntnis, indem man die Seele durch die Normen der Scharia läutert." GHANDOUR, ALI: Fiqh: Einführung in die islamische Normenlehre, Freiburg im Breisgau: Kalam Verlag 2015, S. 80.

5 Siehe: AS-SUYŪṬĪ, ǦALĀL AD-DĪN: ad-Durr al-Manṯūr, Kairo: Dār Hāǧar 2003, Bd. X: S. 198.

6 http://en.wikipedia.org/wiki/Abdel-Bari_Zamzami (Abgerufen am 26.06.2014).

7 Imam al-Ḥasan al-Baṣrī war einer der prominenten Gelehrten aus Baṣra. Er gehörte zu den bekanntesten Asketen der zweiten Generation nach dem Propheten.

8 Die Muslime kannten schon damals Sexspielzeuge, wie es z. B. bei Imam Ibn al-Qayyim belegt ist. In seinem Buch Badāi ʿ al-Fawā ʾd (Die hervorragenden Nutzinformationen) beschrieb er eine Art Dildos aus Leder, die die Frauen damals für die sexuelle Erregung benutzten und brachte die Position mancher Ḥanbalīten, die ihre Benutzung als zulässig sahen, auch wenn er selber nicht zu dieser Position tendierte. Siehe: Ibn Qayyim al-Ǧawziyya, Muḥammad: Badāʾiʿ al-Fawāʾid, Mekka: Maktabat Nizār Muṣṭafā al-Bāz 1996, Bd. IV: S. 905.

9 Vgl. Ibn Ḥazm, ʿAlī: al-Muḥallā, Kairo: Dārat at-Tibāʿa al-munīriyya 1352, Bd. XI: S. 390.

10 Vgl. Ebd., Bd. XI: S. 390 ff.

11 Siehe z. B.: Bauer, Thomas: Die Kultur der Ambiguität: eine andere Geschichte des Islams, Berlin: Verlag der Weltreligionen 2011, S. 268–311.

12 Vgl. Ebd., S. 270.

13 Vgl. Ebd., S. 273.

14 Vgl. Foucault, Michel: „Der Wille zum Wissen“, Die Hauptwerke, 3 Aufl., Frankfurt: Suhrkamp Verlag 2008, S. 1070.

15 „Mit Scharia drückt man in gewisser Weise die Gesamtheit der göttlichen Botschaft aus. Es handelt sich je-

doch nicht um eine Sammlung von Gesetzen, und erst recht nicht um ein Synonym für das Strafrecht, wie es heutzutage manchmal fälschlicherweise verstanden wird. Die Scharia ist weder in Form von Gesetzen kodifiziert noch ist sie überhaupt schriftlich gefasst, ja sie ist jenseits der Buchstaben und laut Rüdiger Lohlker 'nicht zur Gänze von Menschen erfassbar'.[...] Die Scharia ist überzeitlich und göttlich. Dazu schreibt Thomas Bauer: ‚Die sharīʿa ist zunächst die Summe der göttlichen Beurteilungen der menschlichen Handlungen.' Da die Scharia etwas Göttliches ist, und da sie den Menschen nicht in ihrer Gesamtheit zugänglich ist, kann keiner von sich behaupten, sie zu besitzen oder in der Lage zu sein, sie zu umfassen. Sie ist theologisch gesehen etwas, das nur das göttliche Wissen und der göttliche Wille umfassen kann und das der göttlichen Kunde (Waḥy) innewohnt. Sie stellt das Absolute dar, welches nur annähernd verstanden und begriffen sein kann. Versucht man aus der Scharia, im Sinne einer uns offenbarten und verkündeten göttlichen Botschaft bzw. Ordnung, Normen abzuleiten, dann spricht man nicht mehr von Scharia sondern von Fiqh." GHANDOUR, ALI: Fiqh: Einführung in die islamische Normenlehre, Freiburg im Breisgau: Kalam Verlag 2015, S. 18 f.

16 Vgl. PARRINDER, GEOFFREY: Sexualität in den Religionen der Welt, Düsseldorf: Patmos 2004, S. 267.

17 Vgl. NIETZSCHE, FRIEDRICH: Der Antichrist, Hamburg: Nikol 2008, S. 133.

18 Sunan an-Nasāʾī: 36. Buch, 1. Kapitel. (Nach der Druckversion der Thesaurus Islamicus Foundation, Vaduz, 2001).

19 Vgl. SCHÖLLER, MARCO, AL-NAWAWI UND DAQIQ AL-'ID: Das Buch der Vierzig Hadithe: Kitab al-Arba'in. Mit dem Kommentar von Ibn Daqiq al-'Id, 2. Aufl., Frankfurt am Main: Verlag der Weltreligionen im Insel Verlag 2007, S. 166.

20 Imam Ǧaʿfar aṣ-Ṣādiq (gest. 765) ist ein Nachkomme Imam al-Hussains, des Enkelsohns des Propheten. Er gilt als Autorität in mehreren Disziplinen der Theologie, insbesondere im Bereich des Fiqh und der Traditionslehre. Sowohl für die Sunniten als auch für die Schiiten spielt er eine zentrale Rolle. Für die Schiiten ist er der 6. der 12 Imame.

21 AL-ʿĀMILĪ, MUḤAMMAD B. ḤASSAN: Tafṣīl Wasāʾil aš-Šīʿa ilā Taḥṣīl Masāʾil aš-Šarīʿa, Qom: Muʾassasat Āl al-Bayt li-Iḥyāʾ at-Turāṯ 1414, Bd. XX: S. 22.

22 Ebd.

23 Faḫr ad-Dīn ar-Rāzī war ein Theologe, Rechtsgelehrter und Koranexeget. Seine Werke im Bereich des Tafsīr (Koranexegese) des Kalām (systematische Theologie) sowie Uṣūl al-Fiqh (Methodologie der Normenlehre) gelten bis heute als Standardwerke.

24 Vgl. AR-RĀZĪ, FAḪR AD-DĪN: At-Tafsīr al-kabīr, Beirut: Dār al-Fikr 1981, Bd. XXIX: S. 129 f.

25 Ebd., Bd. XXXI: S. 21.

26 Vgl. IBN QAYYIM AL-ǦAWZIYYA, MUḤAMMAD: Ḥādī al-Arwāḥ ilā Bilād al-Afrāḥ, Dschidda: Dār ʿĀlam al-Fawāʾid 1428, S. 482.

27 Vgl. Ebd., S. 473.

28 Er war ein prominenter Gelehrter der ḥanbalītischen Rechtsschule und treuer Anhänger des Gelehrten Ibn Taymiyya.

29 IBN QAYYIM AL-ĞAWZIYYA: Ḥādī al-Arwāḥ ilā Bilād al-Afrāḥ, S. 476.

30 Vgl. AL-QURTUBĪ, ABŪ ʿABDILLĀH : al -Ğāmiʿu li-Aḥkām al-Qurʾān, Beirut: Muʾassasat ar-Risāla 2006, Bd. XX: S. 199.

31 Vgl. AL-ĀMIDĪ, SAYF AD-DĪN: Abkār al-Afkār fī-ʿIlm al-Kalām, Kairo: Dār al-Kutub wa-l-Waṯāʾiq al-Qawmiyya 2004, Bd. IV: S. 261 ff.

32 Siehe z. B. die Erklärung von Q 2:223 bei dem wahhabtisch geprägten Gelehrten aš-Šanqīṭī (gest. 1974): AŠ-ŠANQĪṬĪ, MUḤAMMAD AL-AMĪN: Aḍwāʾ al-Bayān fī-Iḍāḥ al-Qurʾān bi-l- Qurʾān, Beirut: Dār al-Fikr 1995, S. 92 ff.

33 Ein ḥanbalītischer Gelehrter aus Jerusalem und Autor eines der umfassenden Enzyklopädien des Fiqh (Normenlehre).

34 IBN QUDĀMA, MUWAFFAQ AD-DĪN: al-Muġnī, Beirut: Dār al-Fikr 1405, Bd. VIII: S. 132.

35 Er war ein Rechtsgelehrter und Korankommentator aus Andalusien. Sein Korankommentar gilt bis heute als eine der Primärquellen der Koranexegese.

36 Vgl. QURTUBĪ: al-Ğāmiʿu li-Aḥkām al-Qurʾān, Bd. IV: S. 7.

37 Vgl. Ebd., Bd. IV: S. 8. Diese drei stammen alle aus Medina und gehörten zu den wichtigsten Gelehrten der 2. Generation nach dem Propheten. Insbesondere Saʿīd

b. al-Musayyib wird eine besondere Stellung eingeräumt. In der Tradition wird er als die Krone der Gelehrsamkeit seiner Zeit bezeichnet.

38 Imam Abū Bakr Ibn al-ʿArabī al-Maʿāfirī aus Andalusien ist eine zentrale Figur der mālikītischen Rechtsschule. Bekannt ist er durch seine zahlreichen Kommentare zum Koran und zu wichtigen Hadithsammlungen wie z. B. al-Muwaṭṭà oder Sunan at-Tirmiḏī.

39 Ibn al-ʿArabī, Abū Bakr: Aḥkām al-Qurʿān, Beirut: al-Maktaba al-ʿaṣriyya 2003, Bd. I: S. 198.

40 Das heißt, alle Dinge und Handlungen sind grundsätzlich erlaubt, bis in den Quellen der Scharia das Gegenteil bewiesen wird.

41 Ibn al-ʿArabī, Muḥyī ad-Dīn: ʿAǧāʾib al-ʿIrfān, Beirut: Dār al-Kutub al-ʿIlmiyya 2007, S. 257.

42 Siehe: an-Nawawī, Šaraf ad-Dīn: al-Maǧmūʿ Šarḥ al-Muhaḏḏab, Dschidda: Maktabat al-Iršād, Bd. XVIII, S. 103.

43 Vgl. al-ʿAsqalānī, Ibn Ḥaǧar: Fatḥ al-Bārī, Beirut: Dār al-Kutub al-ʿIlmiyya 2002, Bd. II: S. 695.

44 Für die schiitische Position siehe: an-Naǧafī, Muḥammad Ḥassan: Ǧawāhir al-Kalām fī-Šarḥ Šarāʾiʿ al-Islam, Beirut: Dār Iḥyāʾ at-Turāṯ al-ʿArabī 1981, Bd. XXIX: S. 103.

45 Siehe: al-Ḥaṭṭāb, ar-Ruʿaynī: Mawāhib al-Ǧalīl Šarḥ Muḫtaṣar Ḫalīl, Beirut: Dār al-Kutub al-ʿIlmiyya 1995, Bd. V: S. 24 f.

46 Siehe: AṬ-ṬABARĪ, ABŪ ǦAʿFAR: Tafsīr aṭ-Ṭabarī, Kairo: Dār Haǧar 2001, Bd. III: S. 754 ff.

47 Ṣaḥīḥ al-Buḫārī: 77. Buch, 6. Kap. (Nach der Druckversion von Dār al-Minhāǧ, Dschidda, 1429)

48 Das ist eine bildliche Beschreibung des energievollen Geschlechtsverkehrs.

49 Ebd.: 77. Buch, 23. Kap. 23.

50 Vgl. IBN ʿABD AL-BARR, ABŪ ʿUMAR: al-Istiḏkār, Damaskus: Dār Qubba li-ṭ-Ṭibbāʿa 1993, Bd. XVI: S. 153.

51 Die Methodologie der Normenlehre.

52 Siehe: AL-ĠAZĀLĪ, ABŪ ḤĀMID: al-Mustaṣfā min ʿIlm al-Uṣūl, Damaskus: ar-Risāla al-ʿilmiyya 2012, Bd. 2: S. 231.

53 Vgl. IBN MANẒŪR, ǦAMĀL AD-DĪN: Lisān al-ʿArab, Beirut: Dār al-Maʿārif 1998, S. 2946.

54 Ebd.

55 FOUCAULT: „Der Wille zum Wissen", S. 1029.

56 Vgl. BAUER: Die Kultur der Ambiguität, S. 290.

57 Der Cousin des Propheten.

58 Könnte man auch mit: „Würde meine Intuition stimmen" übersetzen.

59 Ein altarabischer Frauenname.

60 Rafaṯ bedeutet sowohl Beischlaf und Intimität als auch das Bettgeflüster.

61 Die Länge des Penis ist in diesem Sprichwort eine Metapher für die Potenz. Das heißt, wenn der Vater potent

ist, dann ist die Wahrscheinlichkeit, dass er mehrere Söhne haben wird, die füreinander eine Stärkung sind, hoch.

62 Einer der prominenten Gelehrten Medinas und einer der Lehrer von Imam Mālik. Siehe seine Biographie in: AḎ-ḎAHABĪ, ŠAMS AD-DĪN: Siyar Aʿlām an-Nubalāʾ, Beirut: Muʾassasat ar-Risāla 1996, Bd. V: S. 445 ff.

63 AL-ǦĀḤIẒ, ABŪ ʿUṮMĀN: Rasāʾil al-Ǧāḥiẓ, Kairo: Maktabat al-Ḫānuǧī 1964, Bd. II: S. 92 ff.

64 Ebd., Bd. II: S. 93.

65 QURTUBĪ: al-Ǧāmiʿu li-Aḥkām al-Qurʾān, Bd. XV: S. 217.

66 Siehe seine Biographie in: AḎ-ḎAHABĪ: Siyar Aʿlām an-Nubalāʾ, Bd. X: S. 656 ff; sowie in: AZ-ZIRIKLĪ, ḪAYR AD-DĪN: al-Aʿlām, Beirut: Dār al-ʿIlm li-l-Malāyīn 2002, Bd. I: 333.

67 Vgl. AS-SĀʿĀTĪ, MUḤAMMAD RĀǦĪ: Rašf ar-Riḍāb wa Fākihat al-Aḥbāb, Beirut: Atlas 2013, S. 36.

68 Vgl. BAUER: Die Kultur der Ambiguität, S. 279.; siehe auch: PARRINDER: Sexualität in den Religionen der Welt, S. 186–217.

69 Vgl. ṬĀŠKÖPRÜZĀDE, AḤMAD: Miftāḥ as-Saʿāda, Beirut: Dār al-Kutub al-ʿIlmiyya 1985, Bd. III: S. 196 ff.

70 Ebd., Bd. I: S. 326 f.

71 Ebd., Bd. I: S. 377.

72 Vgl. BAUER: Die Kultur der Ambiguität, S. 284 ff.

73 Vgl. AN-NAǦAFĪ, MUḤAMMAD ḤASSAN: Ǧawāhir al-

Kalām fī-Šarḥ Šarāʾiʿ al-Islām, Beirut: Dār Iḥyāʾ at-Turāṯ al-ʿArabī 1981, Bd. I: S. 157.

74 Vgl. Ibn an-Nadīm, Muḥammad b. Isḥāq: al-Fihrist, Beirut: Dār al-Maʿrifa 1978, S. 243.

75 Vgl. Ebd., S. 436.

76 Vgl. Ebd. Die beiden Namen tauchen in späteren Texten in verschiedenen Variaten wie z. B. Barraǧān bzw. Burraǧān oder Ḥubāhib auf.

77 Vgl. Ebd.

78 Vgl. Ebd.

79 Vgl. Ebd.

80 Vgl. Ebd.

81 Vgl. Ḥāǧǧī Ḫalīfa, Muṣṭafā: Kašf aẓ-Ẓunūn, Baghdad: Maktabat al-Muṯannā 1941, Bd. II: S. 1438.

82 Vgl. Ebd., Bd. II: S. 1451.

83 Siehe: aš-Šīrāzī, ʿAbd ar-Raḥmān: al-Idāḥ fī-Asrār an-Nikāḥ, (Vollers Ms. 0775 -01), Universitätsbibliothek Leipzig 1507; vgl. Ḥāǧǧī Ḫalīfa: Kašf aẓ-Ẓunūn, Bd. I: S. 209.

84 Vgl. Ḥāǧǧī Ḫalīfa: Kašf aẓ-Ẓunūn, Bd. II: S. 1845.

85 Nafzâwî und Ulrich Marzolph: Der duftende Garten: Ein arabisches Liebeshandbuch, Auflage: 1. Aufl. Aufl., München: C.H. Beck Verlag 2002.

86 Vgl. Ḥāǧǧī Ḫalīfa: Kašf aẓ-Ẓunūn, Bd. II: S. 1241.

87 Vgl. Ebd., Bd. I: S. 571.

88 Vgl. Ebd., Bd. I: S. 850.

89 Vgl. az-Ziriklī, Ḫayr ad-Dīn: al-Aʿlām, Beirut: Dār al-ʿIlm li-l-Malāyīn 2002, Bd. I: S. 203.; siehe auch: Ḥāǧǧī Ḫalīfa: Kašf aẓ-Ẓunūn, Bd. I: S. 904.

90 Vgl. Ḥāǧǧī Ḫalīfa: Kašf aẓ-Ẓunūn, Bd. I: S. 370.

91 Vgl. Ebd., Bd. I: S. 729.

92 Vgl. Ebd., Bd. I: S. 835.

93 Vgl. Ebd., Bd. II: S. 1877.

94 Vgl. Ebd., Bd. II: S. 1885.

95 Vgl. Ebd., Bd. II: S. 1940.

96 Vgl. Ebd., Bd. I: S. 81.

97 Hier könnte man als Beispiel al-Aġānī von Abū al-Farağ al-Isfahānī, ʿUyūn al-Aḫbār von Ibn Qutayba oder Muḥāḍarāt al-Udabāʾ von ar-Rāġib al-Isfahānī erwähnen.

98 Vgl. Ibn an-Nadīm: al-Fihrist, S. 425 ff.

99 Vgl. Ebd., S. 327 f.

100 Siehe: al-Isfahānī, ar-Rāġib: Muḥāḍarāt al-Udabāʾ wa-Muḥāwarāt aš-Šuʿarāʾ, Beirut: Maktabat al-Ḥayāt 1960, Bd. II: S. 242–280.

101 Mehrere Gelehrte haben den Konsens überliefert, dass der gleichgeschlechtliche Akt ausdrücklich verboten ist, siehe z. B.: Ibn Ḥazm, ʿAlī: Marātib al-Iǧmāʿ, Kairo: Dār al-Muslim 2010, S. 297. Das Verbot bezieht sich auf den Geschlechtsakt selbst, die Kategorie Homosexualität allgemein kennt die Tradition nicht. Denn die gleichgeschlechtliche Liebe oder die Bewunderung der Schönheit

des eigenen Geschlechtes, sowohl als gesellschaftliches Phänomen als auch literarisches Genre, war bei den Muslimen und bis zur Übernahme der im Westen entstandenen Kategorie der Homosexualität verbreitet. Zu diesem Punkt und wie die Transformation des Denkens bezüglich dieser Thematik bei den Muslimen in der Moderne statt fand, siehe: BAUER: Die Kultur der Ambiguität, S. 268 ff.

102 Siehe z. B.: al-ISFAHĀNĪ: Muḥāḍarāt al-Udabāʾ wa-Muḥāwarāt aš-Šuʿarāʾ, Bd. II: S. 242.

103 Vgl. BAUER: Die Kultur der Ambiguität, S. 284 ff.

104 Diese sind : erlaubt, pflichtig, verboten, empfohlen und unerwünscht. Siehe: AL-ĠAZĀLĪ, ABŪ ḤĀMID: al-Mustaṣfā min ʿIlm al-Uṣūl, Damaskus: ar-Risāla al-ʿilmiyya 2012, Bd. I: S. 127.

105 Interessant ist auch der Wandel in der Begrifflichkeit. In der Vormoderne verwendete man für die Homosexualität die ziemlich neutrale Bezeichnung „al-Liwāṭa", also eine Tat, mit welcher das Volk des Propheten Lot bekannt war. In der Moderne hat man sich von diesem Begriff verabschiedet und übernahm einen Neologismus aus dem westlichen Sexualitätsdiskurs der Psychologie, nämlich „aš-Šuḏūḏ al-ǧinsī" (die sexuelle Anomalie). Die Idee, die Homosexualität wäre eine Krankheit, hat kein Fundament in der Tradition. Laut den klassischen Rechtsschulen des Islams ist der gleichgeschlechtliche Sex eine verboten Handlung und keine Krankheit, wie es in der Psychologie für eine lange Zeit angenommen wurde.

106 Vgl. AL-ĠAZĀLĪ: al-Mustaṣfā, Bd. I: S. 112 f.

107 Siehe: RUMI, JELALADDIN: Das Masnavi: Buch 5,

Herrliberg: Edition Shershir 2012, Bd. V: S. 98–103.

108 Siehe: Ibn Kamāl Pascha, Aḥmad: Ruǧūʿ aš-Šayḫ ilā Ṣibāh fī-l-Qʿalā-l-Bāh, Kairo: Būlāq 1309H, S. 90–92.

109 Das Wort Šayḫ ist ambig, denn es könnte sowohl Gelehrter als auch alter Mann heißen.

110 Mit Wuḍūʾ ist in diesem Zusammenhang die große und nicht die kleine rituelle Waschung gemeint. Laut mancher Rechtsschulen ist es erlaubt, anstatt die Füße zu waschen über die Ledersocken bzw. die Schuhe zu streichen. Allerdings soll man sie ausziehen wenn man sich ganz waschen muss. Da die Penetration die große rituelle Waschung notwendig machen würde und der Knabe somit seine Ledersocken ausziehen müsste, wollte er deswegen die Penetration nicht.

111 al-Isfahānī: Muḥāḍarāt al-Udabāʾ wa-Muḥāwarāt aš-Šuʿarāʾ, S. Bd II: S. 250 f.

112 Damit sind die Werke „aḏ-Ḏarīʿa ilā Makārim aš-Šarīʿa“ (die scharīʿitischen Charaktereigenschaften) und „al-Aḫlāq“ (die Moral) gemeint. Vgl. az-Ziriklī: al-Aʿlām, Bd. II: S.255.

113 Hier ist Muʿāwiyya b. Abī Sufyān, der Gefährte des Gesandten Allahs, gemeint.

114 Muʿāwiyya b. Abī Sufyān hat den Titel „der Onkel der Gläubigen“.

115 al-Isfahānī: Muḥāḍarāt al-Udabāʾ wa-Muḥāwarāt aš-Šuʿarāʾ, Bd. II: S. 246 f.

116 Vgl. aṣ-Ṣuyūṭī, Ǧalāl ad-Dīn: „Rafʿ al-Bās wa-Kašf al-Iltibās fī-Ḍarb al-Maṯal min al-Qurʾān wa-l-Iqtibās“,

al-Ḥāwī li-l-Fatāwī Bd. II, Beirut: al-Maktaba al-ʿAṣriyya 1990, S. 400.

117 Vgl. Ebd., S. 431.

118 Siehe: Ebd., S. 399–441.

119 al-Isfahānī: Muḥāḍarāt al-Udabāʾ wa-Muḥāwarāt aš-Šuʿarāʾ, Bd. II: S. 270.

120 Im arabischen Original wird der Superlativ afḥašuhu verwendet, welcher nicht nur „schamloseste" bedeuten könnte sondern auch „ungenierteste", „frivolste". Im modernen Arabischen könnte man sogar die Übersetzung „perverseste" nehmen.

121 al-Isfahānī: Muḥāḍarāt al-Udabāʾ wa-Muḥāwarāt aš-Šuʿarāʾ, Bd. II: S. 266.

122 Siehe: Bauer: Die Kultur der Ambiguität, S. 295; 305.

123 Vgl. Ebd., S. 302 f.

124 Für diesen Artikel wurde eine Handschrift verwendet: Ibn Yaḥyā, as-Samawʾal: Nuzhat al-Aṣḥāb fī-Muʿāšarat al-Aḥbāb (Vollers 0774), Universitätsbibliothek Leipzig 1507.

125 Der vollständige Index befindet sich am Anfang der Handschrift, siehe: Ebd., S. Bl. 3–6.

126 Ebd., S. Bl. 21. Rücks.

127 at-Tīfāšī, Aḥmad b. Yusuf: Nuzhat al-Albāb fī-mā-lā-yūǧad fī-Kitāb, London: Riyyad al-Rayyes Books 1992.

128 Vgl. Ebd., S. 141.

129 Vgl. Ebd., S. 209.

130 Der Begriff „islamische Geschichte", genauso wie alle modernen Konstrukte, die aus dem Adjektiv „islamisch" bestehen, ist irreführend, denn die Geschichte steht jenseits der Religion. Sie beinhaltet zwar Elemente der Religion und wurde von dieser geprägt, allerdings bleibt sie Geschichte. Man kann lediglich von geographisch begrenzten Räumen in begrenzten Zeitspannen reden. Die große Erzählung der islamischen Geschichte, die den Anspruch erhebt, eine vermeintlich homogene vierzehnhundert jährige Geschichte eines Raumes zwischen Westafrika und Ostchina zu sein, ist etwas, was man in der Forschung überwinden soll.

131 Vgl. Ḥāǧǧī Ḫalīfa: Kašf aẓ-Ẓunūn, Bd. I: S. 835.

132 Siehe: at-Tīfāšī: Nuzhat al-Albāb fī-mā-lā-yūǧad fī-Kitāb, S. 9–10.

133 ad-Dabb bedeutet, dass jemand sich nachts, während andere im Hause sind, zu jemandem anderen einschleicht, um mit ihm zu schlafen.

134 Vgl. as-Sāʿātī, Muḥammad Rāǧī: Rašf ar-Riḍāb wa Fākihat al-Aḥbāb, Beirut: Atlas 2013, S. 13 ff.

135 Siehe: Ibn Kamāl Pascha: Ruǧūʿ aš-Šayḫ ilā Ṣibāh fī-l-Quwwati ʿalā-l-Bāh, S. 3; 45 f.

136 Wie z. B. Tuḥfat al-ʿArūs von Muḥammad at-Tīǧānī oder ar-Rawḍ al-ʿāṭir fī-Nuzhat al-Ḫāṭir von an-Nafzāwī, welcher von Ulrich Marzolph ins Deutsche übertragen wurde.

137 Vgl. Ibn al-ʿArabī, Muḥyī ad-Dīn: Fuṣūṣ al-Ḥikam,

Beirut: Dār al-Kitāb al-ʿArabī 2002, S. 214 ff.

138 Vgl. Ebd., S. 217.

139 Zu finden unter: www.ibnarabi.de

140 Siehe die ausführliche Auflistung der Werke sowie ihrer verschiedenen Editionen und Handschriften in: Kadr, George: Fann an-Nikāḥ fī-Turāṯ Šayḫ al-Islām Ǧalāl ad-Dīn as-Suyūṭī, Beirut: Atlas Books 2011, Bd. I: S.30 ff.

141 Siehe ihre ausführliche Biographie in: Ibn ʿAsākir, Abū al-Qāsim: Tārīḫ Dimašq, Beirut: Dār al-Fikr 1998, Bd. LXIX, S. 249-260.

142 Kadr: Fann an-Nikāḥ fī-Turāṯ Šayḫ al-Islām Ǧalāl ad-Dīn as-Suyūṭī, Bd. II: S. 150.

143 Ebd.

144 Siehe z. B.: as-Suyūṭī, Ǧalāl ad-Dīn: Nuzhat al-ʿUmr fī-Tafḍīl al-Bīḍ wa-s-Sūd wa-s-Sumr, Kairo: Maktabat at-Turāṯ al-Islāmī 1987, S. 22; 29; 34.

145 Kadr: Fann an-Nikāḥ fī-Turāṯ Šayḫ al-Islām Ǧalāl ad-Dīn as-Suyūṭī, Bd. III: S. 250.

146 Ebd.

147 Ebd., Bd. III: S. 257.

148 Ebd.

149 Siehe z. B.: Ebd., Bd. II: S. 83 f; 133;

150 Vgl. Ebd., Bd. I: S. 275 f.

151 Vgl. Ebd., Bd. I: S. 278.

152 Siehe: Ebd., Bd. I: S. 273.

153 Siehe: AS-SUYŪṬĪ, ǦALĀL AD-DĪN: al-Wišāḥ fī-Fawāʾid an-Nikāḥ, Damaskus: Dār al-Kitāb al-ʿarabī o. J., S. 91 ff.

154 Je nach Kontext kann dieser Begriff entweder mit erotischer Verführung oder Erotik übersetzt werden.

155 Siehe: AS-SUYŪṬĪ, ǦALĀL AD-DĪN: Rašf az-Zulāl min as-Siḥr al-Ḥalāl, Beirut: Muʾassasat al-Instišār 1997, S. 63 ff.

156 Vgl. Ebd., S. 65 f.

157 Vgl. Ebd., S. 68.

158 Vgl. KADR: Fann an-Nikāḥ fī-Turāṯ Šayḫ al-Islām Ǧalāl ad-Dīn as-Suyūṭī, Bd. I: S. 172 f.

159 RICHARD BURTON: The Kama Sutra of Vatsyayana. (Siehe: Literaturverzeichnis)

160 Daqqāq war eine Sängerin, die bei den berühmten Sängern des abbasīdischen Reiches gelernt hat. Bekannt war sie durch ihre Schönheit, Scherzhaftigkeit, Frivolität und Ritterlichkeit. Siehe ihre Biographie in: AL-ISFAHĀNĪ, ABŪ AL-FARAĞ: al-Aġānī, Beirut: Dār Ṣadir 2008, Bd. XII, S. 203.

161 AS-SUYŪṬĪ, ǦALĀL AD-DĪN: Nawāḍir al-Ayk fī-Maʿrifat an-Nayk, Damaskus: Dār al-Kitāb al-ʿarabī o. J., S. 37.

162 Ebd., S. 108.

163 Siehe: AS-SUYŪṬĪ: Rašf az-Zulāl min as-Siḥr al-Ḥalāl, S. 15 ff.

164 Ebd., S. 34.

165 Ebd., S. 47.

166 Eine Knospe oder ein Wurzelstück des Zahnbürstenbaumes (Salvadora persica), das zur Reinigung der Zähne verwendet wird.

167 Mein Kollege Florian Lützen machte mich darauf aufmerksam, dass Gernot Rotter bei der Edition von Maqāmāt al-Hamadānī festgestellt hat, dass Muḥammad ʿAbduh eine Maqāma sowie andere Passagen aus seiner Edition wegen als obszön empfundener Formulierungen entfernt hat. Vgl. AL-HAMADHANI UND GERNOT ROTTER: Vernunft ist nichts als Narretei. Die Maqamen, (Bibliothek arabischer Erzähler), München: Goldmann Wilhelm GmbH 1990, S. 20.

168 IBN AL-ʿARABĪ, MUḤYĪ AD-DĪN: „Tāǧ ar-Rasāʾil wa-Minhāǧ al-Wasāʾil", in: ʿAbda al-Fattāḥ, Saʿīd (Hrsg.): Rasāʾil Ibn ʿArabi (2), Beirut: Muʾassasat al-Instišār 2002, S. 237–240.

169 Das, was der Šayḫ hier beschreibt, stammt aus einer Vision im Wachzustand, die er während des Umkreisens der Kaaba erlebt hat. Er berichtet von diesem Ereignis in al-Futūḥāt al-Makkiyya im 72. Kapitel. Seiner Erzählung zufolge war die Kaaba am Anfang auf ihn zornig, weil er nie ihre hohen Stationen erwähnte. Nach einem Ereignis, bei welchem sie sich ihm als eine wunderschöne, jedoch zornige Jungfrau zeigte, trug er vor ihr ein Gedicht vor, an welchem sie Gefallen fand. Das war der Anfang einer Beziehung und von Gesprächen zwischen ihr und Šayḫ al-Akbar, die er im Buch Tāǧ ar-Rasāʾil niederschrieb. Der vorliegende Text ist eine Übersetzung des Vorworts dieses Buches. Siehe: IBN AL-ʿARABĪ, MUḤYĪ AD-DĪN: al-Futūḥāt al-Makkiyya, Kairo: Dār al-Kutub al-ʿarabīyya 1911, Bd. 1, S. 700 f.

170 Baššār b. Burd al-ʿUqaylī war einer der bekannten

arabischer Dichter des 2. Jh. nach Hidschra. Er starb in Baṣra im Jahre 784. Siehe: AZ-ZIRIKLĪ, ḪAYR AD-DĪN: al-Aʿlām, Beirut: Dār al-ʿIlm li-l-Malāyīn 2002, Bd. II, S. 53.

171 AL-ḪARĀʾIṬĪ, MUḤAMMAD B. ǦAʿFAR: Iʿtilāl al-Qulūb, Mekka: Maktabat Nizār Muṣṭafā al-Bāz 2000, S. 105.

172 Ebd.

173 Ebd., S. 106.

174 Ebd.

175 Ebd., S. 106 f.

176 Ebd., S. 107.

177 Ebd., S. 147.

178 Ebd., S. 153 f.

Literaturverzeichnis

Handschriften

IBN YAḤYĀ, AS-SAMAWʾAL: *Nuzhat al-Aṣḥāb fī-Muʿāšarat al-Aḥbāb* (Vollers Ms. 0774), Leipzig: Universitätsbibliothek Leipzig 1507.

AS-SUYŪṬĪ, ǦALĀL AD-DĪN: *al-Wišāḥ fī-Fawāʾid an-nikāḥ* (Ms. 1199; Sg. Aḥmad Ḫayrī), Mekka: Universität Umm al-Qurā 1176 n. H.

Gedruckte Bücher

AL-ĀMIDĪ, SAYF AD-DĪN: *Abkār al-Afkār fī-ʿIlm al-Kalām*, Kairo: Dār al-Kutub wa-l-Waṯāʾiq al-Qawmiyya 2004.

al-ʿĀMILĪ, MUḤAMMAD B. ḤASSAN: *Tafṣīl Wasāʾil aš-Šīʿa ilā Taḥṣīl Masāʾil aš-Šarīʿa*, Qom: Muʾassasat Āl al-Bayt li-Iḥyāʾ at-Turāṯ 1414.

AL-ʿASQALĀNĪ, IBN ḤAǦAR: *Fatḥ al-Bārī*, Beirut: Dār al-Kutub al-ʿIlmiyya 2002.

BAUER, THOMAS: *Die Kultur der Ambiguität: eine andere Geschichte des Islams*, Berlin: Verlag der Weltreligionen 2011.

AL-BUḪĀRĪ, MUḤAMMAD B. ISMA-ʿĪL: *Ṣaḥīḥ al-Buḫārī*, Dschidda: Dār al-Minhāǧ 1429.

AḎ-ḎAHABĪ, ŠAMS AD-DĪN: *Siyar Aʿlām an-Nubalāʾ*, Beirut: Muʿassasat ar-Risāla 1996.

Foucault, Michel: *„Der Wille zum Wissen“*, Die Hauptwerke, 3. Aufl., Frankfurt: Suhrkamp Verlag 2008.

al-Ǧāḥiẓ, Abū ʿUṯmān: *Rasāʾil al-Ǧāḥiẓ*, Kairo: Maktabat al-Ḫānuǧī 1964.

al-Ġazālī, Abū Ḥāmid: *al-Mustasfā min ʿIlm al-Uṣūl*, Damaskus: ar-Risāla al-ʿilmiyya 2012.

Ghandour, Ali: *Fiqh: Einführung in die islamische Normenlehre*, Freiburg im Breisgau: Kalam Verlag 2015.

Ḥāǧǧī Ḫalīfa, Muṣṭafā: *Kašf aẓ-Ẓunūn*, Baghdad: Maktabat al-Muṯannā 1941.

al-Ḫarāʾiṭī, Muḥammad b. Ǧaʿfar: *Iʿtilāl al-Qulūb*, Mekka: Maktabat Nizār Muṣṭafā al-Bāz 2000.

al-Ḥaṭṭāb, ar-Ruʿaynī: *Mawāhib al-Ǧalīl Šarḥ Muḫtaṣar Ḫalīl*, Beirut: Dār al-Kutub al-ʿIlmiyya 1995.

al-Hamadhani und Gernot Rotter: *Vernunft ist nichts als Narretei. Die Maqamen. (Bibliothek arabischer Erzähler).*, München: Goldmann Wilhelm GmbH 1990.

Ibn ʿAbd al-Barr, Abū ʿUmar: *al-Istiḏkār*, Damaskus: Dār Qubba li-ṭ-Ṭibbāʿa 1993.

Ibn al-ʿArabī, Abū Bakr: *Aḥkām al-Qurʾān*, Beirut: al-Maktaba al-ʿaṣriyya 2003.

Ibn al-ʿArabī, Muḥyī ad-Dīn: *al-Futūḥāt al-Makkiyya*, Kairo: Dār al-Kutub al-ʿarabīyya 1911.

Ibn al-ʿArabī, Muḥyī ad-Dīn: *Fuṣūṣ al-Ḥikam*, Beirut: Dār al-Kitāb al-ʿArabī 2002.

IBN AL-ʿARABĪ, MUḤYĪ AD-DĪN: „*Tāǧ ar-Rasāʾil wa-Minhāǧ al-Wasāʾil*", in: ʿAbda al-Fattāḥ, Saʿīd (Hrsg.): Rasāʾil Ibn ʿArabi (2), Beirut: Muʾassasat al-Intišār 2002.

IBN AL-ʿARABĪ, MUḤYĪ AD-DĪN: *ʿAǧāʾib al-ʿIrfān*, Beirut: Dār al-Kutub al-ʿIlmiyya 2007.

IBN ʿASĀKIR, ABŪ AL-QĀSIM: *Tārīḫ Dimašq*, Beirut: Dār al-Fikr 1998.

IBN ḤAZM, ʿALĪ: *al-Muḥallā*, Kairo: Dārat at-Tibāʿa al-munīriyya 1352.

IBN ḤAZM, ʿALĪ: *Marātib al-Iǧmāʿ*, Kairo: Dār al-Muslim 2010.

IBN KAMĀL PASCHA, AḤMAD: *Ruǧūʿ aš-Šayḫ ilā Ṣibāh fī-l-Quwwati ʿalā-l-Bāh*, Kairo: Būlāq 1309H.

IBN MANẒŪR, ǦAMĀL AD-DĪN: *Lisān al-ʿArab*, Beirut: Dār al-Maʿārif 1998.

IBN AN-NADĪM, MUḤAMMAD B. ISḤĀQ: *al-Fihrist*, Beirut: Dār al-Maʿrifa 1978.

IBN QAYYIM AL-ǦAWZIYYA, MUḤAMMAD: *Badāʾiʿ al-Fawāʾid*, Mekka: Maktabat Nizār Muṣtafā al-Bāz 1996.

IBN QAYYIM AL-ǦAWZIYYA, MUḤAMMAD: *Ḥādī al-Arwāḥ ilā Bilād al-Afrāḥ*, Dschidda: Dār ʿĀlam al-Fawāʾid 1428.

IBN QUDĀMA, MUWAFFAQ AD-DĪN: *al-Muġnī*, Beirut: Dār al-Fikr 1405.

al-ISFAHĀNĪ, ABŪ AL-FARAǦ: *al-Aġānī*, Beirut: Dār Ṣadir 2008.

al-Isfahānī, ar-Rāġib: *Muḥāḍarāt al-Udabāʾ wa-Muḥāwarāt aš-Šuʿarāʾ*, Beirut: Maktabat al-Ḥayāt 1960.

Kadr, George: *Fann an-Nikāḥ fī-turāṯ Šayḫ al-islām Ǧalāl ad-Dīn as-Suyūṭī*, Beirut: Atlas Books 2011.

Nafzâwî und Ulrich Marzolph: *Der duftende Garten: Ein arabisches Liebeshandbuch*, 1. Aufl., München: C.H. Beck Verlag 2002.

an-Naǧafī, Muḥammad Ḥassan: *Ǧawāhir al-Kalām fī-Šarḥ Šarāʾiʿ al-Islām*, Beirut: Dār Iḥyāʾ at-Turāṯ al-ʿArabī 1981.

an-Nasāʾī, Abū ʿAbd ar-Raḥmān: *Sunan an-Nasāʾī*, Vaduz: Thesaurus Islamicus Foundation, 2001.

an-Nawawī, Šaraf ad-Dīn: *al-Maǧmūʿ Šarḥ al-Muhaḏḏab*, Dschidda: Maktabat al-Iršād.

Nietzsche, Friedrich: *Der Antichriſt*, Hamburg: Nikol 2008.

Parrinder, Geoffrey: *Sexualität in den Religionen der Welt*, Düsseldorf: Patmos.

al-Qurtubī, Abū ʿAbdillāh: *al-Ǧāmiʿ li-Aḥkām al-Qurʾān*, Beirut: Muʾassasat ar-Risāla 2006.

ar-Rāzī, Faḫr ad-Dīn: *At-Tafsīr al-kabīr*, Beirut: Dār al-Fikr 1981.

Richard Burton: *The Kama Sutra of Vatsyayana,* http://www.gutenberg.org/files/27827/27827-h/27827-h.htm. (Juli 2015)

Rumi, Jelaladdin: *Rumi: Das Masnavi: Buch 5*, Herrliberg: Edition Shershir 2012.

aš-Šanqīṭī, Muḥammad al-Amīn: *Aḍwā' al-Bayān fī-Iḍāḥ al-Qur'ān bi-l- Qur'ān*, Beirut: Dār al-Fikr 1995.

as-Sā'ātī, Muḥammad Rāǧī: *Rašf ar-Riḍāb wa Fākihat al-Aḥbāb*, Beirut: Atlas 2013.

Schöller, Marco, al-Nawawi und Daqiq al-'Id: *Das Buch der Vierzig Hadithe: Kitab al-Arba'in. Mit dem Kommentar von Ibn Daqiq al-'Id*, 2. Aufl., Frankfurt am Main: Verlag der Weltreligionen im Insel Verlag 2007.

as-Suyūṭī, Ǧalāl ad-Dīn: *ad-Durr al-Manṯūr*, Kairo: Dār Hāǧar 2003.

as-Suyūṭī, Ǧalāl ad-Dīn: *al-Wišāḥ fī-Fawā'id an-Nikāḥ*, Damaskus: Dār al-Kitāb al-'arabī o. J.

as-Suyūṭī, Ǧalāl ad-Dīn: *Nawāḍir al-Ayk fī-Ma'rifat an-Nayk*, Damaskus: Dār al-Kitāb al-'arabī o. J.

as-Suyūṭī, Ǧalāl ad-Dīn: *Nuzhat al-'Umr fī-tafḍīl al-bīḍ wa-sūd wa-sumr*, Kairo: Maktabat at-Turāṯ al-Islāmī 1987.

aṣ-Ṣuyūṭī, Ǧalāl ad-Dīn: „*Raf' al-Bās wa-Kašf al-Iltibās fī-Ḍarb al-Maṯal min al-Qur'ān wa-l-Iqtibās*", al-Ḥāwī li-l-Fatāwī Bd. II, Beirut: al-Maktaba al-'Aṣriyya 1990.

as-Suyūṭī, Ǧalāl ad-Dīn: *Rašf az-Zulāl min as-Siḥr al-Ḥalāl*, Beirut: Mu'assasat al-Inštišār 1997.

Ṭāšköprüzāde, Aḥmad: *Miftāḥ as-Sa'āda*, Beirut: Dār al-Kutub al-'Ilmiyya 1985.

aṭ-Ṭabarī, Abū Ǧa'far: *Tafsīr aṭ-Ṭabarī*, Kairo: Dār Haǧar 2001.

AT-TĪFĀŠĪ, AḤMAD B. YUSUF: *Nuzhat al-albāb fī-mā-lā-yūǧad fī-kitāb*, London: Riyyad al-Rayyes Books 1992.

AZ-ZIRIKLĪ, ḪAYR AD-DĪN: *al-Aʿlām*, Beirut: Dār al-ʿIlm li-l-Malāyīn 2002.

Eulogien-Verzeichnis

ﷻ Ǧalla Ǧalāluh: Gepriesen sei Er. (Für Gott)

ﷺ Ṣalla-llāhu ʿalayhi wa-sallam: Friede und Segen seien auf ihm. (Für den Gesandten Gottes)

رضي الله عنه Raḍiyya-llāhu ʿanh: Möge Gott mit ihm zufrieden sein. (Meist für die Prophetengefährten

Index

Notizen

Notizen